会计仿真实训教程

财务报表分析实训

会计仿真实训平台项目组 编著

清华大学出版社
北京

内 容 简 介

本书围绕财务报表分析的技能要求选取实训内容,以仿真单据反映经济业务,在整个教学环节中充分体现"教、学、做一体化"。本书共有6大项目、18个任务、160项业务,涵盖了财务报表分析所需的各项核心技能。

本书配有在线课程和实训平台,学员可以通过本书提供的账号登录平台,观看微课和课件,在进行线下真账实操的同时进行线上反复实训,进一步强化训练财务报表分析技能。

本书适合职业院校会计专业的师生作为实训教材使用。

本书封面贴有清华大学出版社防伪标签,无标签者不得销售。
版权所有,侵权必究。举报: 010-62782989, beiqinquan@tup.tsinghua.edu.cn。

图书在版编目(CIP)数据

财务报表分析实训/会计仿真实训平台项目组编著. —北京:清华大学出版社,2018(2023.7重印)
(会计仿真实训教程)
ISBN 978-7-302-50143-5

Ⅰ.①财… Ⅱ.①会… Ⅲ.①会计报表-会计分析-职业教育-教材 Ⅳ.①F231.5

中国版本图书馆 CIP 数据核字(2018)第 110531 号

责任编辑:陈凌云
封面设计:毛丽娟
责任校对:袁 芳
责任印制:杨 艳

出版发行:清华大学出版社
    网　　址: http://www.tup.com.cn, http://www.wqbook.com
    地　　址: 北京清华大学学研大厦A座　　邮　编: 100084
    社 总 机: 010-83470000　　邮　购: 010-62786544
    投稿与读者服务: 010-62776969, c-service@tup.tsinghua.edu.cn
    质 量 反 馈: 010-62772015, zhiliang@tup.tsinghua.edu.cn
    课 件 下 载: http://www.tup.com.cn, 010-83470410
印 装 者:涿州市般润文化传播有限公司
经　　销:全国新华书店
开　　本:185mm×260mm　　印　张:6　　字　数:119千字
版　　次:2018年6月第1版　　印　次:2023年7月第5次印刷
定　　价:48.00元

产品编号:074168-01

丛 书 序

信息技术的发展正深刻改变着职业教育的教学模式,职业院校的师生迫切需要更加多样化的在线教学平台。"清华职教"(www.qinghuazhijiao.com)是在认真调研、精准把握职业院校课程改革以及在线教学需求的基础上,由清华大学出版社开发的,融虚拟仿真实训、富媒体教学资源、在线评测于一体的职业教育理实一体化课程平台。"清华职教"的在线课程除了传统的理论课、考证课之外,最大特色在于利用仿真技术开发的会计实训课。

"清华职教"旨在解决职业院校理论教学与实训教学相脱节、实训教学内容与企业真实业务不匹配的弊端,帮助学生真正提高实务操作技能,快速具备上岗能力。该项目于2014年被批准为新闻出版改革发展项目库入库项目,并获得财政部文化产业发展专项资金支持。

"清华职教"目前上线课程涵盖会计专业的主干实训课程和财经大类的部分理论课程。在线课程与纸质教材相配套,实现了理论课程与实训课程的相互配套,线上仿真实训与线下真账实操的相互融合。

"会计仿真实训教程"系列教材是"清华职教"所开发的13门实训课程的配套实训教材,分别是出纳实训、纳税实训、审计实训、基础会计实训、财务会计实训、成本会计实训、税务会计实训、会计综合实训、财务管理实训、管理会计实训、会计电算化实训、财务报表分析实训、财经法规与会计职业道德实训。

"清华职教"会计仿真实训平台及配套教材具备以下八个方面的功能与特色。

1. 贴近岗位要求

根据不同会计岗位要求和课程特点,精选典型实训业务,如"出纳实训",除常规的现金、银行等业务仿真操作外,还提供了模拟网银操作;又如"纳税实训",学生可登录模拟国税局和地税局网站进行纳税申报;再如"会计电算化实训",平台也实现了电算化模拟操作。

2. 虚拟仿真操作

无论是原始凭证、记账凭证,还是各类账簿、报表等,全都与真实业务中的最新版本一样,学生不用进入企业实习就可以接触到真实的业务场景和单据,在线进行虚拟仿真操作:填写记账凭证;登记账簿;编制报表;画线;盖章;生成支付密码等。

3. 智能比对答案

学生在线完成实训业务后,点击"提交答案",如填写错误,系统会自动"报错"(以红色块标示)。错误之处可以重新填写,直至答对。学生也可以查看"正确答案",自主分析错误原因;还可以将填写内容全部清空,然后重新填写,反复实训。

4. 实时反馈成绩

每门实训课程的首页会根据学生实训进度和答题正确率，实时反馈学习成绩，生成综合报告，以便学生整体把握实训成绩。教师也可以在线组建班级，动态跟踪本班全部学员的实训情况。

5. 理实一体开发

实训课程通过"外部课程"链接与理论课程建立关联，充分实现理实一体的设计理念，服务职业院校理实一体化教学。

6. 内容体系科学

实训课程内容在充分体现会计岗位要求的基础上，按照职业院校会计专业的教学计划和课程标准，采用"项目—任务—业务"的编排体系，符合职业教育的教学规律。

7. 课程资源丰富

全部实训任务在线提供 PPT 课件，重难点任务还提供视频和微课讲解。学生实训时可以对照课件和视频，边学习边实训。

8. 线上线下结合

全部 13 门实训课程都配套出版纸质教材，提供仿真单据簿和各类账证表。学生通过教材附赠的序列号即可登录平台进行在线学习与实训，从而实现了线上学习与线下学习的结合，线上实训与手工实操的互补。

"清华职教"会计仿真实训平台的开发和配套教材的出版，是清华大学出版社在互联网教育领域的新尝试，是基于互联网提供会计课程整体解决方案的新做法，我们衷心期待这套产品的使用者给我们提出宝贵的意见和建议，以便我们的创新能够走得更稳；也衷心期待有志于互联网会计教学改革的院校和教师与我们一起，共同开发更符合院校特色专业建设要求的定制平台，共同打造会计教学的新模式。

"清华职教"将努力打造更多样的仿真实训课程、更精品的专业课程资源、更智能的数字学习方式，让教育者不再为缺乏教学资源而苦恼，让学习者真正学到有用的技能，让课堂学习不再与社会需求脱节。

会计仿真实训平台项目组
2017 年 12 月

前　言

"财务报表分析"是一门理论性与实践性较强的课程,要求学生熟练掌握财务报表分析的基本理论与方法,具备通过分析财务报表评价企业经营管理成果和财务状况的能力。该课程注重培养的是学生的财务风险意识、分析判断能力和综合素质,而不仅仅是讲授一些具体的技术方法。

随着我国经济的不断发展,会计制度不断改革,对应用型、复合型财务分析人才的需求越来越大。为帮助教师更好地进行税务会计实训教学,提高学生的财务报表分析技能,我们组织会计专业教师、企业一线会计人员和教育技术人员,共同开发了《财务报表分析实训》教材以及相应的在线实训课程和平台。

本书围绕财务报表分析的技能要求选取实训内容,以仿真单据反映经济业务,在整个教学环节中充分体现"教、学、做一体化"。教材共有6大项目、18个任务、160项业务,涵盖了财务报表分析所需的各项核心技能。其中,项目1为基础训练,主要帮助学员掌握财务报表分析的基础知识与常用方法；项目2~项目5为单项训练,包括盈利能力分析、营运能力分析、偿债能力分析和发展能力分析；项目6为综合实训。实训题型主要有判断题、单选题、多选题和实务题。

本书配有在线课程和实训平台,学员可以通过本书提供的账号登录平台,观看微课和课件,在进行线下真账实操的同时反复进行线上实训,进一步强化训练财务报表分析技能。

由于水平有限,书中难免存在疏漏和不足,恳请读者朋友批评、指正。

会计仿真实训平台项目组

2018年1月

目　　录

项目 1　财务报表分析基础 ··· 1
　　任务 1.1　熟悉财务报表 ·· 1
　　任务 1.2　掌握财务报表分析的基本理念 ···································· 1
　　任务 1.3　掌握财务报表分析的常用方法 ···································· 2

项目 2　盈利能力分析 ·· 5
　　任务 2.1　销售盈利能力分析 ·· 5
　　任务 2.2　资产盈利能力分析 ·· 8
　　任务 2.3　成本费用盈利能力分析 ··· 11
　　任务 2.4　股东盈利能力分析 ··· 13

项目 3　营运能力分析 ··· 16
　　任务 3.1　流动资产营运能力分析 ··· 16
　　任务 3.2　固定资产营运能力分析 ··· 19
　　任务 3.3　总资产营运能力分析 ·· 25

项目 4　偿债能力分析 ··· 32
　　任务 4.1　短期偿债能力分析 ··· 32
　　任务 4.2　长期偿债能力分析 ··· 35

项目 5　发展能力分析 ··· 42
　　任务 5.1　市场增长能力分析 ··· 42
　　任务 5.2　资产增长能力分析 ··· 44
　　任务 5.3　资本增长能力分析 ··· 45

项目 6　综合实训 ··· 48
　　任务 6.1　单选题 ··· 48
　　任务 6.2　多选题 ··· 50
　　任务 6.3　实务题 ··· 52

附录　财务报表分析实训单据簿 ··· 59

项目 1

财务报表分析基础

任务 1.1 熟悉财务报表

【业务 1.1.1】

(判断题)现金流量表中的经营活动是指企业投资活动和筹资活动以外的交易与事项。销售商品或提供劳务、处置固定资产、分配利润等产生的现金流量均包括在经营活动产生的现金流量之中。（　　）

【业务 1.1.2】

(单选题)金陵钱多多公司"应收账款"账户月末借方余额 40000 元,其中:"应收甲公司账款"明细账户借方余额 60000 元,"应收乙公司账款"明细账户贷方余额 20000 元;"预收账款"账户月末贷方余额 15000 元,其中:"预收 A 厂账款"明细账户贷方余额 25000 元,"预收 B 厂账款"明细账户借方余额 10000 元。该企业月末资产负债表中"应收账款"项目的金额为(　　)元。

A. 70000　　　　B. 60000　　　　C. 50000　　　　D. 40000

【业务 1.1.3】

(单选题)资产负债表中的"未分配利润"项目,应根据(　　)填列。

A. "本年利润"科目的余额

B. "利润分配"科目的余额

C. "利润分配——未分配利润"科目的发生额

D. "本年利润"科目和"利润分配"科目的余额计算后

任务 1.2 掌握财务报表分析的基本理念

【业务 1.2.1】

(单选题)财务分析的首要内容应当是(　　)。

A. 财务报表解读　　　　　　　B. 盈利能力及偿债能力分析

C. 营运能力及发展能力分析　　　　D. 财务综合分析

【业务 1.2.2】

(多选题)财务报表分析的内容包括( )。
A. 资本结构分析　　　　　　　　B. 获利能力分析
C. 成本费用分析　　　　　　　　D. 发展能力分析
E. 偿债能力分析

【业务 1.2.3】

(多选题)财务报表分析的原则包括( )。
A. 目的明确原则　B. 静态分析原则　C. 系统分析原则　D. 成本效益原则
E. 实事求是原则

任务 1.3　掌握财务报表分析的常用方法

【业务 1.3.1】

(判断题)比较分析法按照比较对象可分为趋势分析法、同业分析法和预算差异分析法。
( )

【业务 1.3.2】

(单选题)财务报表分析的主要依据是( )。
A. 会计凭证　　　B. 会计账簿　　　C. 财务报表　　　D. 原始凭证

【业务 1.3.3】

(单选题)确定影响因素、衡量其影响程度、查明指标变动原因的分析方法是( )。
A. 趋势分析法　　B. 比率分析法　　C. 差异分析法　　D. 因素分析法

【业务 1.3.4】

(单选题)基于比较分析法的比较标准,下列各项具有可比性的是( )。
A. 中国移动的销售利润率和中国电信的成本费用率
B. 沃尔玛与肯德基的销售额
C. 京东商城本年一季度利润额与上年度利润额
D. 网易公司本年一季度利润指标与本年一季度计划利润指标

【业务 1.3.5】

(单选题)资产负债表的定比分析与环比分析,属于资产负债表的( )。

A. 质量分析 B. 比率分析 C. 趋势分析 D. 因素分析

【业务 1.3.6】

(多选题)比较分析法是指将实际达到的数据同指定的各种标准相比较,从数量上确定其差异,并进行( )或( )的一种方法。

A. 因素分析 B. 比率分析 C. 差异分析 D. 趋势分析

【业务 1.3.7】

请根据背景资料(见图 1-1),对金陵钱多多公司的利润情况表进行趋势分析,填写利润增减情况表(见附录单据簿中的单据 1-1)。

利润情况表

单位:万元

项 目	2017 年	2016 年	2015 年
销售收入	3777042	3693361	4281492
实现利润	24867	25820	49655
营业利润	38232	38012	67349
投资收益	4944	1112	2218
营业外利润	3933	-4143	-2700
补贴收入	880	3685	2647

图 1-1 利润情况表

说明:计算结果有小数位的保留两位小数,无小数位的保留整数。

【业务 1.3.8】

金陵钱多多公司生产丙产品,请根据背景资料(见图 1-2 和图 1-3),用连环替代法分析单耗和单价变动对单位材料成本的影响,填写附录单据簿中的单据 1-2。

丙产品单位成本简表

单位:元

成本项目	上年度实际	本年度实际
直接材料	86	89
直接人工	20	27
制造费用	24	17
产品单位成本	130	133

图 1-2 丙产品单位成本简表

说明：计算结果有小数位的保留两位小数，无小数位的保留整数。

丙产品单位成本补充表

补充明细项目	上年度单位用量	上年度金额（元）	本年度单位用量	本年度金额（元）
直接材料 A	12	36	11	44
直接材料 B	10	50	10	45
直接人工工时	20		18	27
产品销量	200		250	

图 1-3　丙产品单位成本补充表

【业务 1.3.9】

承接业务 1.3.8，用差额计算法分析单位工时和小时工资率变动对单位直接人工成本的影响，填写附录单据簿中的单据 1-3。

说明：计算结果有小数位的保留两位小数，无小数位的保留整数。

项目 2

盈利能力分析

任务 2.1　销售盈利能力分析

【业务 2.1.1】

（判断题）利润总额反映了企业全部经济活动的财务成果，它包括营业利润及营业外收支净额等，但不包括非流动资产处置损益。　　　　　　　　　　　　　　　（　　）

【业务 2.1.2】

（单选题）销售毛利率的计算公式为（　　）。
A. 销售毛利率＝1－变动成本率
B. 销售毛利率＝1－销售成本率
C. 销售毛利率＝1－成本费用率
D. 销售毛利率＝1－销售利润率

【业务 2.1.3】

（单选题）某产品的销售单价是 180 元，单位成本是 120 元，本月销售 2500 件，则本月实现的毛利额是（　　）元。
A. 300000　　　B. 450000　　　C. 750000　　　D. 150000

【业务 2.1.4】

（单选题）下列各项中会引起销售净利润率下降的是（　　）。
A. 增加销货　　　　　　　　　　B. 加速折旧
C. 降低单位成本　　　　　　　　D. 提高售价

【业务 2.1.5】

（单选题）下列关于利润表水平分析的各种表述中，错误的是（　　）。
A. 主要依据是企业的利润表和相关附注资料
B. 围绕营业利润、利润总额、净利润和综合收益总额这四个关键利润指标展开

C. 目的是在描述企业盈利额上升或下降的基础上分析引起变化的主要原因

D. 分析同一年度利润表的结构性数据所表现出来的构成比例的合理程度

【业务 2.1.6】

请根据背景资料(见图 2-1),运用水平分析法编制金陵钱多多公司的利润增减变动分析表(见附录单据簿中的单据 2-1)。

说明：计算结果有小数位的保留两位小数,无小数位的保留整数。

利润表（一般企业会计准则）

编制单位：金陵钱多多公司　　2016 年 12 月　　　　　　　　　　　　　　单位：元

项目	行次	本期金额	上期金额
一、营业收入	1	1,296,900,000.00	1,153,450,000.00
减：营业成本	2	1,070,955,000.00	968,091,000.00
税金及附加	3	14,396,000.00	6,805,000.00
销售费用	4	2,723,000.00	1,961,000.00
管理费用	5	124,502,000.00	108,309,000.00
财务费用	6	-24,122,000.00	105,541,000.00
资产减值损失	7	2,095,000.00	0.00
加：公允价值变动收益（损失以"-"号填列）	8	-5,318,000.00	-2,192,000.00
投资收益（损失以"-"号填列）	9	23,604,000.00	68,976,000.00
其中：对联营企业和合营企业的投资收益	10		
二、营业利润（亏损以"-"号填列）	11	124,637,000.00	29,527,000.00
加：营业外收入	12	80,000.00	
其中：非流动资产处置利得	13		
减：营业外支出	14	3,113,000.00	1,961,000.00
其中：非流动资产处置损失	15		
三、利润总额（亏损总额以"-"号填列）	16	121,604,000.00	27,566,000.00
减：所得税费用	17	30,401,000.00	6,891,500.00
四、净利润（净亏损以"-"号填列）	18	91,203,000.00	20,674,500.00
五、其他综合收益的税后净额	19		
（一）以后不能重分类进损益的其他综合收益	20		
1.重新计量设定受益计划净负债或净资产的变动			
2.权益法下在被投资单位不能重分类进损益的其他综合收益中享有的份额			
（二）以后将重分类进损益的其他综合收益	21		
1.权益法下在被投资单位以后将重分类进损益的其他综合收益中享有的份额			
2.可供出售金融资产公允价值变动损益			
3.持有至到期投资重分类为可供出售金融资产损益			
4.现金流量套期损益的有效部分			
5.外币财务报表折算差额			
六、综合收益总额	22		
七、每股收益：	23		
（一）基本每股收益	24		
（二）稀释每股收益	25		

单位负责人：　　　　会计主管：　　　　复核：　　　　制表：

图 2-1　金陵钱多多公司利润表(2016 年 12 月)

【业务 2.1.7】

承接业务 2.1.6，运用垂直分析法编制 A 公司的利润结构分析表（见附录单据簿中的单据 2-2）。

说明：计算结果有小数位的保留两位小数，无小数位的保留整数。

【业务 2.1.8】

请根据背景资料（见图 2-2），编制金陵宏运公司的销售盈利能力计算表（见附录单据簿中的单据 2-3）。

说明：计算结果保留两位小数。

利润表（一般企业会计准则）

编制单位：金陵宏运公司　　　2016 年 12 月　　　　　　　　　　　　　　单位：元

项目	行次	本期金额	上期金额
一、营业收入	1	490,000,000.00	375,000,000.00
减：营业成本	2	275,000,000.00	225,000,000.00
税金及附加	3	24,500,000.00	18,750,000.00
销售费用	4	17,500,000.00	15,750,000.00
管理费用	5	27,500,000.00	24,500,000.00
财务费用	6	1,950,000.00	1,650,000.00
资产减值损失	7		
加：公允价值变动收益（损失以"-"号填列）	8	1,000,000.00	800,000.00
投资收益（损失以"-"号填列）	9	3,500,000.00	2,450,000.00
其中：对联营企业和合营企业的投资收益	10		
二、营业利润（亏损以"-"号填列）	11	148,050,000.00	92,600,000.00
加：营业外收入	12	1,850,000.00	1,950,000.00
其中：非流动资产处置利得	13		
减：营业外支出	14	950,000.00	1,650,000.00
其中：非流动资产处置损失	15		
三、利润总额（亏损总额以"-"号填列）	16	148,750,000.00	92,900,000.00
减：所得税费用	17	37,187,500.00	23,225,000.00
四、净利润（净亏损以"-"号填列）	18	111,562,500.00	69,675,000.00
五、其他综合收益的税后净额	19		
（一）以后不能重分类进损益的其他综合收益	20		
1.重新计量设定受益计划净负债或净资产的变动			
2.权益法下在被投资单位不能重分类进损益的其他综合收益中享有的份额			
（二）以后将重分类进损益的其他综合收益	21		
1.权益法下在被投资单位以后将重分类进损益的其他综合收益中享有的份额			
2.可供出售金融资产公允价值变动损益			
3.持有至到期投资重分类为可供出售金融资产损益			
4.现金流量套期损益的有效部分			
5.外币财务报表折算差额			
六、综合收益总额	22		
七、每股收益：	23		
（一）基本每股收益	24		
（二）稀释每股收益	25		

单位负责人：　　　　会计主管：　　　　复核：　　　　制表：

图 2-2　金陵宏运公司利润表（2016 年 12 月）

任务 2.2 资产盈利能力分析

【业务 2.2.1】

（单选题）金陵钱多多公司的期初资产为 1680 万元，期末资产为 2000 万元，息税前利润为 136 万元，该企业的总资产报酬率为（　　）。

A. 10%　　　B. 7.4%　　　C. 8.3%　　　D. 9.5%

【业务 2.2.2】

（单选题）（　　）是一个综合性最强的财务分析指标，是杜邦财务分析体系的核心。

A. 净资产利润率　　　　　B. 总资产报酬率
C. 销售净利润率　　　　　D. 总资产周转率

【业务 2.2.3】

（单选题）金陵钱多多公司 2016 年度总资产报酬率为 12%，资产负债率为 50%，其净资产收益率为（　　）。

A. 48%　　　B. 30%　　　C. 24%　　　D. 6%

【业务 2.2.4】

（单选题）其他条件不变的情况下，下列经济业务可能导致总资产报酬率下降的是（　　）。

A. 用银行存款支付一笔销售费用
B. 用银行存款购入一台设备
C. 将可转换债券转换为普通股
D. 用银行存款归还银行借款

【业务 2.2.5】

（单选题）金陵钱多多公司的总资产报酬率为 20%，若产权比率为 1，则净资产收益率为（　　）。

A. 15%　　　B. 20%　　　C. 30%　　　D. 40%

【业务 2.2.6】

（多选题）根据杜邦财务分析体系，影响净资产收益率的因素有（　　）。

A. 权益乘数　　　　　　　B. 速动比率
C. 销售净利率　　　　　　D. 总资产周转率

项目 2　盈利能力分析

【业务 2.2.7】

请根据背景资料(见图 2-3 和图 2-4),计算杭州海康威视数字技术股份有限公司(以下简称海康威视)2016 年的资产盈利能力,填写资产盈利能力计算表(见附录单据簿中的单据 2-4)。

说明：不考虑利息支出,计算结果保留两位小数。

资产负债表

编制单位：杭州海康威视数字技术股份有限公司　　　　2016 年 12 月 31 日　　　　　　　　　　　　合企01表
单位：万元

资　产	期末余额	年初余额	负债和所有者权益(或股东权益)	期末余额	年初余额
流动资产：			流动负债：		
货币资金	1363499	1010650	短期借款	3229	87660
交易性金融资产	1555	616	交易性金融负债	6979	1926
应收票据	284340	304415	应付票据	87680	20974
应收账款	1124281	812593	应付账款	700834	586974
预付账款	27897	13266	预收款项	46969	39551
应收利息			应付职工薪酬	109453	78807
应收股利			应交税费	120568	82230
其他应收款	52860	33527	应付利息		467
存货	382516	281867	应付股利	2011	2413
一年内到期的非流动资产			其他应付款	103317	15986
其他流动资产	415399	211301	一年内到期的非流动负债	1534	58643
流动资产合计	3652348	2668236	其他流动负债	30016	51807
非流动资产：			流动负债合计	1211591	1027440
可供出售金融资产	28384	5603	非流动负债：		
持有至到期投资			长期借款	172221	67575
长期应收款	25155	10590	应付债券	295445	
长期股权投资	3500		长期应付款	700	700
投资性房地产			专项应付款		
固定资产原价			预计负债	4193	6183
减：累计折旧			递延所得税负债	1083	
固定资产净值	285374	188724	其他非流动负债		
在建工程	31648	84463	非流动负债合计	473642	74459
工程物资			负债合计	1685233	1101899
固定资产清理			所有者权益(或股东权益)：		
无形资产	41026	34320	实收资本(或股本)	610271	406877
开发支出			资本公积	104544	163961
商誉	24836	11786	减：库存股	30016	51807
长期待摊费用			盈余公积	261544	189506
递延所得税资产	37526	26122	未分配利润	1486646	1219610
其他非流动资产	4100	1800	所有者权益(或股东权益)合计	2448667	1929745
非流动资产合计	481553	363409			
资产总计	4133901	3031644	负债和所有者权益(或股东权益)合计	4133901	3031644
单位负责人：　　　　会计主管：　　　　复核：　　　　制表：					

图 2-3　海康威视资产负债表(2016 年 12 月 31 日)

利润表 （一般企业会计准则）

编制单位： 杭州海康威视数字技术股份有限公司　　2016 年 12 月　　　　　　　　　　　　　单位：元

项目	行次	本期金额	上期金额
一、营业收入	1	31,924,020,000.00	25,271,390,000.00
减：营业成本	2	18,649,890,000.00	15,136,790,000.00
税金及附加	3	255,080,000.00	196,880,000.00
销售费用	4	2,991,270,000.00	2,179,050,000.00
管理费用	5	3,106,760,000.00	2,211,220,000.00
财务费用	6	-228,060,000.00	-152,900,000.00
资产减值损失	7	317,500,000.00	338,870,000.00
加：公允价值变动收益（损失以"-"号填列）	8	-40,170,000.00	-16,150,000.00
投资收益（损失以"-"号填列）	9	40,490,000.00	148,670,000.00
其中：对联营企业和合营企业的投资收益	10		
二、营业利润（亏损以"-"号填列）	11	6,830,100,000.00	5,493,990,000.00
加：营业外收入	12	1,510,920,000.00	1,293,980,000.00
其中：非流动资产处置利得	13		
减：营业外支出	14	30,840,000.00	37,930,000.00
其中：非流动资产处置损失	15	940,000.00	1,110,000.00
三、利润总额（亏损总额以"-"号填列）	16	8,310,180,000.00	6,750,040,000.00
减：所得税费用	17	889,910,000.00	867,640,000.00
四、净利润（净亏损以"-"号填列）	18	7,420,270,000.00	5,889,050,000.00
五、其他综合收益的税后净额	19		
（一）以后不能重分类进损益的其他综合收益	20		
1.重新计量设定受益计划净负债或净资产的变动			
2.权益法下在被投资单位不能重分类进损益的其他综合收益中享有的份额			
（二）以后将重分类进损益的其他综合收益	21		
1.权益法下在被投资单位以后将重分类进损益的其他综合收益中享有的份额			
2.可供出售金融资产公允价值变动损益			
3.持有至到期投资重分类为可供出售金融资产损益			
4.现金流量套期损益的有效部分			
5.外币财务报表折算差额			
六、综合收益总额	22		
七、每股收益：	23		
（一）基本每股收益	24	1.23	1.46
（二）稀释每股收益	25	1.22	1.45

单位负责人：　　　　　会计主管：　　　　　复核：　　　　　制表：

图 2-4　海康威视利润表（2016 年 12 月）

【业务 2.2.8】

请根据背景资料（见图 2-5 和图 2-6），对金陵钱多多公司进行杜邦财务分析，填写杜邦财务分析指标计算表（见附录单据簿中的单据 2-5）。

金陵钱多多公司 2016 年资产负债表有关资料

资产负债表项目	期末余额（万元）	年初余额（万元）
资产	10000	8000
负债	6000	4500
所有者权益	4000	3500

图 2-5　金陵钱多多公司 2016 年资产负债表有关资料

说明：计算结果保留两位小数。

金陵钱多多公司2016年利润表有关资料

利润表项目	本期金额（万元）	上期金额（万元）
营业收入	20000	（略）
净利润	500	（略）

图2-6　金陵钱多多公司2016年利润表有关资料

任务2.3　成本费用盈利能力分析

【业务2.3.1】

(判断题)企业成本总额的增加不一定意味着利润的下降和管理水平的下降。（　　）

【业务2.3.2】

(判断题)当获取的利润总额不变时，成本费用总额越小，成本费用利润率越低；当成本费用总额不变时，利润总额越大，成本费用利润率越高。（　　）

【业务2.3.3】

(单选题)从企业总耗费角度评价盈利能力的指标是（　　）。
A. 净资产收益率　　　　　　　　B. 总资产报酬率
C. 销售净利率　　　　　　　　　D. 成本费用利润率

【业务2.3.4】

(单选题)金陵钱多多公司当期净利润为150万元，营业成本为400万元，税金及附加为35万元，销售费用为50万元，管理费用为90万元，财务费用为25万元，则该企业的成本费用利润率为（　　）。
A. 34.5%　　　B. 28.6%　　　C. 26.5%　　　D. 25%

【业务2.3.5】

请根据背景资料(见图2-7和图2-8)计算宜宾五粮液股份有限公司(以下简称五粮液)、贵州茅台酒股份有限公司(以下简称茅台)2016年3月和2017年3月的成本费用利润率，成本费用盈利能力比较分析表(见附录单据簿中的单据2-6)。

说明：计算结果有小数位的保留两位小数，无小数位的保留整数。成本费用利润率的计算公式中，分子采用"净利润"；分母为"成本费用总额"，包括营业成本、税金及附加、三项期间费用。

利润表（一般企业会计准则）

编制单位：宜宾五粮液股份有限公司　　2017年03月　　　　　　　　　　单位：元

项目	行次	本期金额	上期金额
一、营业收入	1	10,158,810,000.00	8,825,560,000.00
减：营业成本	2	2,993,350,000.00	2,661,640,000.00
税金及附加	3	761,980,000.00	681,550,000.00
销售费用	4	1,096,460,000.00	1,125,780,000.00
管理费用	5	583,800,000.00	572,830,000.00
财务费用	6	-216,710,000.00	-179,090,000.00
资产减值损失	7	370,000.00	
加：公允价值变动收益（损失以"-"号填列）	8		
投资收益（损失以"-"号填列）	9		
其中：对联营企业和合营企业的投资收益	10		
二、营业利润（亏损以"-"号填列）	11	4,939,560,000.00	3,962,850,000.00
加：营业外收入	12	19,090,000.00	32,520,000.00
其中：非流动资产处置利得	13		
减：营业外支出	14	5,410,000.00	4,830,000.00
其中：非流动资产处置损失	15	1,300,000.00	2,730,000.00
三、利润总额（亏损总额以"-"号填列）	16	4,953,230,000.00	3,990,540,000.00
减：所得税费用	17	1,214,030,000.00	982,260,000.00
四、净利润（净亏损以"-"号填列）	18	3,739,210,000.00	3,008,280,000.00
五、其他综合收益的税后净额	19		
（一）以后不能重分类进损益的其他综合收益	20		
1.重新计量设定受益计划净负债或净资产的变动			
2.权益法下在被投资单位不能重分类进损益的其他综合收益中享有的份额			
（二）以后将重分类进损益的其他综合收益	21		
1.权益法下在被投资单位以后重分类进损益的其他综合收益中享有的份额			
2.可供出售金融资产公允价值变动损益			
3.持有至到期投资重分类为可供出售金融资产损益			
4.现金流量套期损益的有效部分			
5.外币财务报表折算差额			
六、综合收益总额	22		
七、每股收益：	23		
（一）基本每股收益	24	0.95	0.77
（二）稀释每股收益	25	0.95	0.77

单位负责人：　　　　　会计主管：　　　　　复核：　　　　　制表：

图 2-7　五粮液利润表（2017 年 3 月）

【业务 2.3.6】

(多选题)根据业务 2.3.5 的计算结果，以下结论正确的有（　　）。

A. 茅台的成本费用利润率高于五粮液，说明茅台的成本费用盈利能力不如五粮液

B. 茅台的成本费用利润率高于五粮液，说明五粮液的成本费用盈利能力不如茅台

C. 五粮液 2017 年 3 月的成本费用利润率高于 2016 年同期，说明五粮液的成本费用盈利能力下降了

D. 茅台 2017 年 3 月的成本费用利润率低于 2016 年同期，主要原因是税金及附加、销售费用增加较多

利润表（一般企业会计准则）

编制单位：贵州茅台酒股份有限公司　　2017 年 03 月　　　　　　　　　　　　　　　单位：元

项目	行次	本期金额	上期金额
一、营业收入	1	13,913,410,000.00	10,250,870,000.00
减：营业成本	2	1,210,140,000.00	792,340,000.00
税金及附加	3	1,973,300,000.00	1,180,620,000.00
销售费用	4	852,430,000.00	170,390,000.00
管理费用	5	1,122,230,000.00	905,010,000.00
财务费用	6	-29,490,000.00	-3,030,000.00
资产减值损失	7	-5,360,000.00	2,980,000.00
加：公允价值变动收益（损失以"-"号填列）	8		
投资收益（损失以"-"号填列）	9		
其中：对联营企业和合营企业的投资收益	10		
二、营业利润（亏损以"-"号填列）	11	8,790,150,000.00	7,202,580,000.00
加：营业外收入	12	1,770,000.00	4,200,000.00
其中：非流动资产处置利得	13		
减：营业外支出	14	36,880,000.00	30,000.00
其中：非流动资产处置损失	15	70,000.00	30,000.00
三、利润总额（亏损总额以"-"号填列）	16	8,755,040,000.00	7,206,740,000.00
减：所得税费用	17	2,210,210,000.00	1,994,660,000.00
四、净利润（净亏损以"-"号填列）	18	6,544,830,000.00	5,212,080,000.00
五、其他综合收益的税后净额	19		
（一）以后不能分类进损益的其他综合收益	20		
1.重新计量设定受益计划净负债或净资产的变动			
2.权益法下在被投资单位不能重分类进损益的其他综合收益中享有的份额			
（二）以后将重分类进损益的其他综合收益	21		
1.权益法下在被投资单位以后重分类进损益的其他综合收益中享有的份额			
2.可供出售金融资产公允价值变动损益			
3.持有至到期投资重分类为可供出售金融资产损益			
4.现金流量套期损益的有效部分			
5.外币财务报表折算差额			
六、综合收益总额	22		
七、每股收益：	23		
（一）基本每股收益	24	4.87	3.89
（二）稀释每股收益	25	4.87	3.89

单位负责人：　　　　　　会计主管：　　　　　　复核：　　　　　　制表：

图 2-8　茅台利润表（2017 年 3 月）

任务 2.4　股东盈利能力分析

【业务 2.4.1】

（单选题）评价上市公司股东盈利能力的核心指标是（　　）。
A. 每股市价　　　　　　　　　B. 每股净资产
C. 每股收益　　　　　　　　　D. 净资产收益率

【业务 2.4.2】

(单选题)下列关于市盈率的说法不正确的是(　　)。
A. 该比率越高,说明市场对公司的未来越看好
B. 该比率越低,说明市场对公司的未来越看好
C. 该指标不宜用于不同行业之间的比较
D. 该指标是普通股每股市价与每股收益的比值

【业务 2.4.3】

(单选题)金陵钱多多公司股东权益总额 8000 万元,其中优先股权益 340 万元,全部股票数是 620 万股,其中优先股股数是 170 万股,则每股净资产是(　　)万元。
A. 12.58　　　B. 12.34　　　C. 17.75　　　D. 17.02

【业务 2.4.4】

(单选题)金陵钱多多公司上市流通普通股的股价为每股 16.8 元,每股收益为 0.8 元,该公司的市盈率为(　　)倍。
A. 16.8　　　B. 21　　　C. 13.44　　　D. 16

【业务 2.4.5】

(单选题)金陵钱多多公司上年净利润为 250 万元,流通在外的普通股的加权平均股数为 100 万股,优先股为 50 万股,优先股股息为每股 1 元。如果上年年末普通股的每股市价为 30 元,则公司的市盈率为(　　)倍。
A. 12　　　B. 15　　　C. 18　　　D. 22.5

【业务 2.4.6】

(多选题)根据背景资料(见图 2-9 和图 2-10),以下说法正确的有(　　)。

中国石油化工股份有限公司(中国石化)股东盈利能力分析表

项　目	2012 年	2013 年	2014 年	2015 年	2016 年
每股收益(元)	0.56	0.58	0.41	0.27	0.38
每股净资产(元)	4.55	4.91	5.09	5.59	5.88
市盈率(倍)	9.47	7.74	15.99	18.65	14.13

图 2-9　中国石化股东盈利能力分析表

A. 2015 年以来中国石化和中国石油的股东盈利能力都出现了明显下降
B. 中国石油的每股净资产高于中国石化,一般来说中国石油的发展潜力更大,股票的投资价值也更大

项目 2　盈利能力分析

中国石油天然气股份有限公司（中国石油）股东盈利能力分析表

项　目	2012 年	2013 年	2014 年	2015 年	2016 年
每股收益（元）	0.63	0.71	0.59	0.19	0.04
每股净资产（元）	5.81	6.19	6.43	6.45	6.50
市盈率（倍）	14.35	10.86	18.32	43.95	198.75

图 2-10　中国石油股东盈利能力分析表

C．与中国石油相比，中国石化的股东盈利能力相对更稳定

D．与中国石油相比，中国石化 2016 年的股利分配来源更充足

【业务 2.4.7】

请根据背景资料（见图 2-11），计算、分析金陵钱多多公司的股东盈利能力，填写股东盈利能力分析表（见附录单据簿中的单据 2-7）。

说明：计算结果有小数位的保留两位小数，无小数位的保留整数。

金陵钱多多公司本年利润分配表及年末股东权益有关资料

项　目	数　值
净利润	2100 万元
加：年初未分配利润	400 万元
可供分配利润	2500 万元
减：提取法定盈余公积	500 万元
可供股东分配的利润	2000 万元
减：提取任意盈余公积	200 万元
已分配现金股利	1200 万元
未分配利润	600 万元
股本	3000 万元
每股面值	1 元
每股市价	10.5 元
年末流通在外普通股股数	3000 万股
资本公积	2200 万元
盈余公积	1200 万元
未分配利润	600 万元
所有者权益总计	7000 万元

图 2-11　金陵钱多多公司本年利润分配表及年末股东权益有关资料

15

项目 3

营运能力分析

任务 3.1　流动资产营运能力分析

【业务 3.1.1】

(判断题)通常情况下,存货周转速度越快,如果是盈利企业则其利润就会越多;或者利润额不变,其存货资金占用量就会越多。　　　　　　　　　　　　　　　　　　(　　)

【业务 3.1.2】

(判断题)营业周期越短,资产流动性越强,资产周转相对越快。　　　　　(　　)

【业务 3.1.3】

(单选题)金陵钱多多公司的生产经营存在季节性,每年的 6 月到 10 月是生产经营旺季,11 月到次年 5 月是生产经营淡季。如果使用应收账款年初余额和年末余额的平均数计算应收账款周转次数,计算结果会(　　)。

　　A. 高估应收账款周转速度

　　B. 低估应收账款周转速度

　　C. 正确反映应收账款周转速度

　　D. 无法判断对应收账款周转速度的影响

【业务 3.1.4】

(单选题)计算应收账款周转率时应使用的收入指标是(　　)。

　　A. 主营业务收入

　　B. 赊销收入净额

　　C. 销售收入

　　D. 营业利润

【业务 3.1.5】

(单选题)不影响资产管理效果的财务比率是( )。
A. 营业周期
B. 存货周转率
C. 应收账款周转率
D. 资产负债率

【业务 3.1.6】

(单选题)金陵钱多多公司上年度和本年度的流动资产平均占用额分别为 100 万元和 120 万元,流动资产周转率为 6 和 8,则本年度比上年度的销售收入增加了( )万元。
A. 80
B. 180
C. 320
D. 360

【业务 3.1.7】

(多选题)假设其他条件不变,下列计算方法的改变会导致应收账款周转天数减少的有( )。
A. 从使用赊销收入改为使用销售收入进行计算
B. 从使用应收账款平均余额改为使用应收账款平均净额进行计算
C. 从使用应收账款全年日平均余额改为使用应收账款旺季的日平均余额进行计算
D. 从使用已核销应收账款坏账损失后的平均余额改为核销应收账款坏账损失前的平均余额进行计算

【业务 3.1.8】

请填写完整金陵钱多多公司流动资产营运能力分析表(见附录单据簿中的单据 3-1)。
说明:计算结果有小数位的保留两位小数,无小数位的保留整数。

【业务 3.1.9】

请根据背景资料(见图 3-1 和图 3-2),计算、填写流动资产营运能力分析表(见附录单据簿中的单据 3-2)。
说明:将现金销售视为收账时间为零的赊销,企业无销售折扣和折让。计算结果保留两位小数。

财务报表分析实训

资产负债表

编制单位：金陵钱多多公司　　　　　　　　2016 年 12 月 31 日　　　　　　　　会企01表　单位：万元

资产	期末余额	年初余额	负债和所有者权益(或股东权益)	期末余额	年初余额
流动资产：			流动负债：		
货币资金	5020	2850	短期借款	485	650
交易性金融资产	175	425	交易性金融负债		
应收票据			应付票据		
应收账款	3885	3500	应付账款	1295	1945
预付账款	810	650	预收账款		
应收利息			应付职工薪酬	975	585
应收股利			应交税费	2590	1620
其他应收款			应付利息		
存货	2820	2610	应付股利		
一年内到期的非流动资产	80	75	其他应付款		
其他流动资产			一年内到期的非流动负债	485	385
流动资产合计	12790	10110	其他流动负债		
非流动资产：			流动负债合计	5830	5185
可供出售金融资产			非流动负债：		
持有至到期投资	1650	975	长期借款	975	650
长期应收款			应付债券	640	400
长期股权投资			长期应付款		
投资性房地产			专项应付款		
固定资产原价			预计负债		
减：累计折旧			递延所得税负债		
固定资产净值	6280	5650	其他非流动负债		
在建工程			非流动负债合计	1615	1050
工程物资			负债合计	7445	6235
固定资产清理			所有者权益(或股东权益)：		
无形资产	75	90	实收资本(或股本)	5850	4860
开发支出			资本公积	2370	1560
商誉			减：库存股		
长期待摊费用			盈余公积	3240	2595
递延所得税资产	55	75	未分配利润	1945	1650
其他非流动资产			所有者权益(或股东权益)合计	13405	10665
非流动资产合计	8060	6790			
资产总计	20850	16900	负债和所有者权益(或股东权益)合计	20850	16900
单位负责人：		会计主管：	复核：	制表：	

图 3-1　金陵钱多多公司资产负债表(2016 年 12 月 31 日)

利润表（一般企业会计准则）

编制单位：金陵钱多多公司　　　2016 年 12 月　　　　　　　　　　　　　　单位：元

项目	行次	本期金额	上期金额
一、营业收入	1	490,000,000.00	375,000,000.00
减：营业成本	2	275,000,000.00	225,000,000.00
税金及附加	3	24,500,000.00	18,750,000.00
销售费用	4	17,500,000.00	15,750,000.00
管理费用	5	26,500,000.00	23,700,000.00
财务费用	6	1,950,000.00	1,850,000.00
资产减值损失	7		
加：公允价值变动收益（损失以"-"号填列）	8		
投资收益（损失以"-"号填列）	9	3,500,000.00	2,450,000.00
其中：对联营企业和合营企业的投资收益	10		
二、营业利润（亏损以"-"号填列）	11	141,050,000.00	92,600,000.00
加：营业外收入	12	1,650,000.00	1,950,000.00
其中：非流动资产处置利得	13		
减：营业外支出	14	950,000.00	1,650,000.00
其中：非流动资产处置损失	15		
三、利润总额（亏损总额以"-"号填列）	16	141,750,000.00	92,900,000.00
减：所得税费用	17	37,187,500.00	23,225,000.00
四、净利润（净亏损以"-"号填列）	18	111,562,500.00	69,675,000.00
五、其他综合收益的税后净额	19		
（一）以后不能重分类进损益的其他综合收益	20		
1.重新计量设定受益计划净负债或净资产的变动			
2.权益法下在被投资单位不能重分类进损益的其他综合收益中享有的份额			
（二）以后将重分类进损益的其他综合收益	21		
1.权益法下在被投资单位以后将重分类进损益的其他综合收益中享有的份额			
2.可供出售金融资产公允价值变动损益			
3.持有至到期投资重分类为可供出售金融资产损益			
4.现金流量套期损益的有效部分			
5.外币财务报表折算差额			
六、综合收益总额	22		
七、每股收益：	23		
（一）基本每股收益	24		
（二）稀释每股收益	25		

单位负责人：　　　　会计主管：　　　　复核：　　　　制表：

图 3-2　金陵钱多多公司利润表(2016 年 12 月)

任务 3.2　固定资产营运能力分析

【业务 3.2.1】

（判断题）要想获取收益，必须拥有固定资产，因此运用固定资产可以直接为企业创造收入。　　　　　　　　　　　　　　　　　　　　　　　　　　　（　　）

【业务 3.2.2】

(判断题)一般情况下,固定资产周转率高,表明企业固定资产利用充分,固定资产管理效率高。 (   )

【业务 3.2.3】

(判断题)固定资产比重越高,企业资产的弹性越差。 (   )

【业务 3.2.4】

(单选题)在计算固定资产周转率指标的公式中,年销售收入净额指的是(   )。

A. 年销售收入

B. 现销收入

C. 赊销净额

D. 年销售收入扣除销售退回、销售折扣与折让

【业务 3.2.5】

(单选题)反映固定资产周转速度的指标是(   )。

A. 流动资产周转率

B. 资产报酬率

C. 固定资产周转率

D. 利息保障倍数

【业务 3.2.6】

(单选题)以下关于固定资产周转率的表述错误的是(   )。

A. 固定资产周转率低,说明固定资产投资得当,结构合理

B. 不同折旧方法对固定资产净值有影响

C. 不同行业的固定资产状况不同

D. 固定资产的净值会影响固定资产周转率

【业务 3.2.7】

(单选题)如果通过财务分析发现一家公司的固定资产周转率很高,那么以下说法正确的是(   )。

A. 该公司资本化程度过高

B. 该公司可能存在员工私自挪用存货的问题

C. 该公司资本化程度不够

D. 该公司盈利能力很强

项目3 营运能力分析

【业务 3.2.8】

请根据背景资料(见图 3-3～图 3-6),计算杭萧钢构股份有限公司(以下简称杭萧钢构)、长江精工钢结构(集团)股份有限公司(以下简称精工钢构)的固定资产周转率,填写固定资产营运能力分析表(见附录单据簿中的单据 3-3)。

说明:计算结果保留两位小数。

资产负债表

编制单位:杭萧钢构股份有限公司　　　　　2016 年 12 月 31 日　　　　　　合企01表
单位:万元

资产	期末余额	年初余额	负债和所有者权益(或股东权益)	期末余额	年初余额
流动资产:			流动负债:		
货币资金	69354.80	64650.79	短期借款	89934.70	142249.59
交易性金融资产			交易性金融负债		
应收票据	5206.73	7949.84	应付票据	49000.60	51402.18
应收账款	106362.00	98541.12	应付账款	133100.00	118063.41
预付账款	2699.45	3772.16	预收款项	83804.50	65204.42
应收利息			应付职工薪酬	3766.49	2541.54
应收股利			应交税费	11815.66	11081.79
其他应收款	6956.57	6578.73	应付利息	191.77	891.57
存货	315066.00	344849.06	应付股利	305.50	250.00
一年内到期的非流动资产			其他应付款	8228.70	13511.32
其他流动资产	5946.11	12779.98	一年内到期的非流动负债		7350.00
流动资产合计	511592.00	539121.68	其他流动负债	5340.53	20000.00
非流动资产:			流动负债合计	385489.00	432545.82
可供出售金融资产	10100.00	1250.00	非流动负债:		
持有至到期投资			长期借款	7050.00	3000.00
长期应收款	2091.64	2091.64	应付债券		
长期股权投资	8746.21	3145.79	长期应付款	5000.00	5000.00
投资性房地产	494.89		专项应付款		
固定资产原价			预计负债		312.03
减:累计折旧			递延所得税负债		
固定资产净值	72266.90	74551.20	其他非流动负债		
在建工程	1393.86	752.35	非流动负债合计	13977.30	10279.95
工程物资	182.58		负债合计	399466.00	442825.78
固定资产清理	1.51		所有者权益(或股东权益):		
无形资产	12161.80	12598.06	实收资本(或股本)	105676.00	80888.66
开发支出			资本公积	28428.50	44307.61
商誉			减:库存股	25.56	2303.13
长期待摊费用	31.50	159.48	盈余公积	13740.10	7641.67
递延所得税资产	8461.61	8638.34	未分配利润	68919.90	34996.04
其他非流动资产			所有者权益(或股东权益)合计	228049.00	199472.79
非流动资产合计	115922.00	103176.89			
资产总计	627514.00	642298.57	负债和所有者权益(或股东权益)合计	627514.00	642298.57
单位负责人:	会计主管:	复核:	制表:		

图 3-3　杭萧钢构资产负债表(2016 年 12 月 31 日)

利润表（一般企业会计准则）

编制单位：杭萧钢构股份有限公司　　2016 年 12 月　　　　　　　　　　　　　　　　单位：元

项目	行次	本期金额	上期金额
一、营业收入	1	4,338,516,000.00	3,786,434,700.00
减：营业成本	2	3,075,142,500.00	2,896,283,000.00
税金及附加	3	55,550,900.00	74,548,800.00
销售费用	4	70,131,300.00	77,783,300.00
管理费用	5	484,662,500.00	416,951,000.00
财务费用	6	82,549,700.00	123,365,600.00
资产减值损失	7	60,972,200.00	32,487,300.00
加：公允价值变动收益（损失以"-"号填列）	8		
投资收益（损失以"-"号填列）	9	-3,912,500.00	-342,100.00
其中：对联营企业和合营企业的投资收益	10	-4,119,500.00	-342,100.00
二、营业利润（亏损以"-"号填列）	11	505,594,400.00	164,673,600.00
加：营业外收入	12	40,138,300.00	40,997,200.00
其中：非流动资产处置利得	13		
减：营业外支出	14	14,155,600.00	24,363,800.00
其中：非流动资产处置损失	15	5,008,500.00	662,800.00
三、利润总额（亏损总额以"-"号填列）	16	531,575,100.00	181,307,000.00
减：所得税费用	17	91,759,400.00	37,768,500.00
四、净利润（净亏损以"-"号填列）	18	439,815,700.00	143,538,500.00
五、其他综合收益的税后净额	19	310,200.00	-108,200.00
（一）以后不能重分类进损益的其他综合收益	20		
1.重新计量设定受益计划净负债或净资产的变动			
2.权益法下在被投资单位不能重分类进损益的其他综合收益中享有的份额			
（二）以后将重分类进损益的其他综合收益	21		
1.权益法下在被投资单位以后重分类进损益的其他综合收益中享有的份额			
2.可供出售金融资产公允价值变动损益			
3.持有至到期投资重分类为可供出售金融资产损益			
4.现金流量套期损益的有效部分			
5.外币财务报表折算差额			
六、综合收益总额	22	440,125,900.00	143,430,300.00
七、每股收益：	23		
（一）基本每股收益	24	0.43	0.17
（二）稀释每股收益	25	0.43	0.17

单位负责人：　　　　　会计主管：　　　　　复核：　　　　　制表：

图 3-4　杭萧钢构利润表(2016 年 12 月)

项目3 营运能力分析

资产负债表

编制单位：长江精工钢结构（集团）股份有限公司　　　2016年12月31日　　　会企01表　　　单位：万元

资产	期末余额	年初余额	负债和所有者权益(或股东权益)	期末余额	年初余额
流动资产：			流动负债：		
货币资金	123084.36	99680.92	短期借款	108705.00	122305.00
交易性金融资产			交易性金融负债		
应收票据	13350.34	9756.60	应付票据	101560.07	96367.05
应收账款	158129.83	190334.80	应付账款	258604.12	250016.91
预付账款	29218.54	28793.06	预收账款	69225.50	65582.12
应收利息			应付职工薪酬	7460.01	7698.90
应收股利	235.20	235.20	应交税费	15504.57	19698.26
其他应收款	23453.81	38594.23	应付利息	1592.26	1633.61
存货	420042.94	463451.27	应付股利	18.46	18.46
一年内到期的非流动资产	1884.18		其他应付款	11011.20	17617.54
其他流动资产		1544.27	一年内到期的非流动负债	30000.00	18032.73
流动资产合计	769399.20	832390.36	其他流动负债		
非流动资产：			流动负债合计	603681.17	598970.58
可供出售金融资产	45608.92		非流动负债：		
持有至到期投资			长期借款	18280.97	12352.78
长期应收款			应付债券	59634.71	59549.72
长期股权投资	29465.32	27332.70	长期应付款	5000.00	
投资性房地产	3775.58	3948.48	专项应付款		
固定资产原价			预计负债	170.31	530.30
减：累计折旧			递延所得税负债		
固定资产净值	83202.70	92817.28	其他非流动负债		18000.00
在建工程			非流动负债合计	84086.00	91448.94
工程物资	61139.99	6759.10	负债合计	687767.17	690419.51
固定资产清理			所有者权益(或股东权益)：		
无形资产	27843.51	31689.48	实收资本(或股本)	151044.52	151044.52
开发支出			资本公积	33248.25	32659.40
商誉	33934.45	38977.12	减：库存股		
长期待摊费用	3570.55	3561.16	盈余公积	12451.58	12272.81
递延所得税资产	6766.64	6691.22	未分配利润	166287.54	158529.89
其他非流动资产		209.10	所有者权益(或股东权益)合计	376937.69	353957.25
非流动资产合计	295305.67	211986.40			
资产总计	1064704.86	1044376.76	负债和所有者权益(或股东权益)合计	1064704.86	1044376.76
单位负责人：		会计主管：	复核：		制表：

图 3-5　精工钢构资产负债表（2016年12月31日）

财务报表分析实训

利润表 (一般企业会计准则)

编制单位：长江精工钢结构(集团)股份有限公司　　2016 年 12 月　　　　　　　　单位：元

项目	行次	本期金额	上期金额
一、营业收入	1	6,070,761,800.00	7,205,337,400.00
减：营业成本	2	5,163,770,500.00	6,011,450,600.00
税金及附加	3	58,632,500.00	110,411,400.00
销售费用	4	139,023,200.00	131,554,800.00
管理费用	5	372,242,400.00	460,945,800.00
财务费用	6	126,913,100.00	158,509,700.00
资产减值损失	7	82,800,900.00	151,233,600.00
加：公允价值变动收益（损失以"-"号填列）	8		
投资收益（损失以"-"号填列）	9	3,220,900.00	3,887,400.00
其中：对联营企业和合营企业的投资收益	10	3,722,800.00	3,887,400.00
二、营业利润（亏损以"-"号填列）	11	128,600,200.00	184,919,100.00
加：营业外收入	12	16,963,900.00	30,147,700.00
其中：非流动资产处置利得	13		
减：营业外支出	14	5,213,600.00	9,131,400.00
其中：非流动资产处置损失	15	1,659,900.00	2,179,800.00
三、利润总额（亏损总额以"-"号填列）	16	140,350,600.00	205,935,400.00
减：所得税费用	17	30,586,000.00	14,339,400.00
四、净利润（净亏损以"-"号填列）	18	109,764,600.00	191,596,000.00
五、其他综合收益的税后净额	19	144,360,700.00	-2,800,800.00
（一）以后不能重分类进损益的其他综合收益	20		
1.重新计量设定受益计划净负债或净资产的变动			
2.权益法下在被投资单位不能重分类进损益的其他综合收益中享有的份额			
（二）以后将重分类进损益的其他综合收益	21		
1.权益法下在被投资单位以后将重分类进损益的其他综合收益中享有的份额			
2.可供出售金融资产公允价值变动损益			
3.持有至到期投资重分类为可供出售金融资产损益			
4.现金流量套期损益的有效部分			
5.外币财务报表折算差额			
六、综合收益总额	22	254,125,300.00	188,795,300.00
七、每股收益：	23		
（一）基本每股收益	24	0.07	0.13
（二）稀释每股收益	25	0.07	0.13

单位负责人：　　　　　会计主管：　　　　　复核：　　　　　制表：

图 3-6　精工钢构利润表(2016 年 12 月)

【业务 3.2.9】

(多选题)根据业务 3.2.8 的计算结果，以下结论正确的有(　　)。

A. 杭萧钢构与精工钢构属于同行业上市公司，其固定资产营运指标具有可比性

B. 杭萧钢构的固定资产营运能力比精工钢构高

C. 精工钢构的固定资产使用效率比杭萧钢构高

D. 通过因素分析可知，杭萧钢构与精工钢构固定资产营运能力的差异主要是受营业收入的影响

任务 3.3　总资产营运能力分析

【业务 3.3.1】

(判断题)如果本期总资产比上期有较大幅度增加,表明本期总资产营运能力较强。
　　　　　　　　　　　　　　　　　　　　　　　　　　　　　　　　　　(　　)

【业务 3.3.2】

(单选题)反映资产周转速度的指标不包括(　　)。
A. 存货期　　　　　　　　　　B. 速动比率
C. 流动资产周转率　　　　　　D. 应收账款周转率

【业务 3.3.3】

(单选题)金陵钱多多公司 2016 年营业收入为 5852 万元,年末总资产为 2012 万元,年初总资产为 1650 万元,则总资产周转率为(　　)次。
A. 3.5　　　　　　　　　　　B. 3.8
C. 3.2　　　　　　　　　　　D. 2.9

【业务 3.3.4】

(单选题)金陵钱多多公司总资产周转率为 1.8 次,会引起该指标下降的经济业务是(　　)。
A. 销售商品取得收入
B. 借入一笔短期借款
C. 用银行存款购入一台设备
D. 用银行存款支付一年保险费

【业务 3.3.5】

(单选题)金陵钱多多公司 2016 年主营业务收入净额为 36000 万元,流动资产平均余额为 4000 万元,固定资产平均余额为 8000 万元。假设没有其他资产,则该公司 2016 年的总资产周转率为(　　)次。
A. 3.1　　　　　　　　　　　B. 3
C. 2　　　　　　　　　　　　D. 3.2

【业务 3.3.6】

(多选题)影响企业总资产周转率的因素包括(　　)。
A. 资产的管理力度

B. 经营周期的长短

C. 资产构成及其质量

D. 企业所采用的财务政策

E. 所处行业及其经营背景

【业务 3.3.7】

(多选题)下列各项中,在其他因素不变的情况下,可以减少总资产周转率的有( )。

A. 用银行存款购置固定资产

B. 平均应收账款余额增加

C. 现金多余时将其购买有价证券

D. 营业收入减少

【业务 3.3.8】

金陵钱多多公司 2016 年销售收入总额 60000 万元,其中,现销收入 36000 万元,销售折扣与折让 400 万元,已销售产品的营业成本 30000 万元,其他信息见背景资料(见图 3-7),请据此计算金陵钱多多公司的各项资产营运能力指标,填写资产营运能力分析表(见附录单据簿中的单据 3-4)。

说明:计算结果保留两位小数。

金陵钱多多公司 2016 年度有关财务资料

单位:万元

项 目	期末余额	期初余额
应收账款	1500	1400
存 货	1800	2000
流动资产	3400	3500
固定资产	3300	3200
资产总计	7050	7000

图 3-7 金陵钱多多公司 2016 年度有关财务资料

【业务 3.3.9】

请根据背景资料(见图 3-8～图 3-11),计算、比较无锡小天鹅股份有限公司(以下简称小天鹅 A,股票代码:000418)和惠而浦(中国)股份有限公司(以下简称惠而浦,股票代码:6000983)2016 年的资产营运能力,填写资产营运能力分析表(见附录单据簿中的单据 3-5)。

说明:计算结果保留两位小数。

资产负债表

编制单位：无锡小天鹅股份有限公司　　　2016 年 12 月 31 日　　　会企01表　单位：万元

资产	期末余额	年初余额	负债和所有者权益(或股东权益)	期末余额	年初余额
流动资产：			流动负债：		
货币资金	427207.72	304284.39	短期借款	18381.31	
交易性金融资产			交易性金融负债		
应收票据	129760.92	220518.94	应付票据	262054.98	195306.53
应收账款	146565.45	89607.50	应付账款	333508.97	241980.73
预付账款	13151.36	9762.86	预收账款	301434.76	165290.86
应收利息	2675.58	2293.26	应付职工薪酬	28859.22	24828.07
应收股利			应交税费	41223.80	32510.82
其他应收款	2369.39	920.82	应付利息		
存货	172483.79	74541.30	应付股利	715.07	540.07
一年内到期的非流动资产			其他应付款	19992.64	17180.71
其他流动资产	838572.43	573318.86	一年内到期的非流动负债		
流动资产合计	1732786.66	1275247.07	其他流动负债	184441.32	152173.43
非流动资产：			流动负债合计	1190612.07	829811.24
可供出售金融资产	20.00	20.00	非流动负债：		
持有至到期投资			长期借款		
长期应收款			应付债券		
长期股权投资			长期应付款	1610.13	2843.93
投资性房地产	6485.45	6884.30	专项应付款		
固定资产原价			预计负债	172.73	998.10
减：累计折旧			递延所得税负债		
固定资产净值	97085.93	101952.83	其他非流动负债		
在建工程			非流动负债合计	2077.10	4181.59
工程物资			负债合计	1192689.18	833992.83
固定资产清理			所有者权益(或股东权益)：		
无形资产	19228.35	19752.16	实收资本(或股本)	63248.79	63248.79
开发支出			资本公积	119149.01	116401.49
商誉			减：库存股		
长期待摊费用	438.77	423.82	盈余公积	33259.47	33259.47
递延所得税资产	29987.90	25188.12	未分配利润	375651.77	296095.55
其他非流动资产	2565.58	3296.32	所有者权益(或股东权益)合计	695909.51	598772.71
非流动资产合计	155812.02	157517.57			
资产总计	1888598.68	1432765.54	负债和所有者权益(或股东权益)合计	1888598.68	1432765.54

单位负责人：　　　会计主管：　　　复核：　　　制表：

图 3-8　小天鹅 A 资产负债表(2016 年 12 月 31 日)

利润表（一般企业会计准则）

编制单位：无锡小天鹅股份有限公司　　2016 年 12 月　　　　　　　　　　　单位：元

项目	行次	本期金额	上期金额
一、营业收入	1	16,334,914,500.00	13,131,626,900.00
减：营业成本	2	12,111,213,300.00	9,646,390,800.00
税金及附加	3	99,204,400.00	66,761,700.00
销售费用	4	2,325,645,700.00	1,957,833,800.00
管理费用	5	505,321,100.00	539,747,200.00
财务费用	6	-154,825,700.00	-110,112,900.00
资产减值损失	7	94,569,700.00	22,451,900.00
加：公允价值变动收益（损失以"-"号填列）	8		
投资收益（损失以"-"号填列）	9	200,239,300.00	201,749,600.00
其中：对联营企业和合营企业的投资收益	10		-263,000.00
二、营业利润（亏损以"-"号填列）	11	1,554,025,300.00	1,210,304,000.00
加：营业外收入	12	38,975,400.00	63,387,700.00
其中：非流动资产处置利得	13		
减：营业外支出	14	8,573,700.00	48,270,000.00
其中：非流动资产处置损失	15	2,841,800.00	724,600.00
三、利润总额（亏损总额以"-"号填列）	16	1,584,427,000.00	1,225,421,600.00
减：所得税费用	17	241,651,800.00	17,229.68
四、净利润（净亏损以"-"号填列）	18	1,342,775,300.00	1,053,124,800.00
五、其他综合收益的税后净额	19	41,216,800.00	48,553,800.00
（一）以后不能重分类进损益的其他综合收益	20		
1.重新计量设定受益计划净负债或净资产的变动			
2.权益法下在被投资单位不能重分类进损益的其他综合收益中享有的份额			
（二）以后将重分类进损益的其他综合收益	21		
1.权益法下在被投资单位以后重分类进损益的其他综合收益中享有的份额			
2.可供出售金融资产公允价值变动损益			
3.持有至到期投资重分类为可供出售金融资产损益			
4.现金流量套期损益的有效部分			
5.外币财务报表折算差额			
六、综合收益总额	22	1,383,992,100.00	1,101,678,600.00
七、每股收益：	23		
（一）基本每股收益	24	1.86	1.45
（二）稀释每股收益	25	1.86	1.45

单位负责人：　　　　会计主管：　　　　复核：　　　　制表：

图 3-9　小天鹅 A 利润表（2016 年 12 月）

项目3 营运能力分析

资产负债表

编制单位：惠而浦（中国）股份有限公司　　　2016 年 12 月 31 日　　　会企01表　单位：万元

资产	期末余额	年初余额	负债和所有者权益(或股东权益)	期末余额	年初余额
流动资产：			流动负债：		
货币资金	285732.41	284927.50	短期借款		
交易性金融资产			交易性金融负债		
应收票据	108537.39	149345.49	应付票据	220438.86	152735.36
应收账款	179487.24	116261.81	应付账款	149741.87	131282.77
预付账款	14126.16	6766.18	预收账款	16936.86	17410.97
应收利息	269.93	1281.60	应付职工薪酬	17191.97	14648.71
应收股利			应交税费	15573.63	3478.83
其他应收款	3951.02	7503.14	应付利息		
存货	89311.78	99265.64	应付股利		
一年内到期的非流动资产			其他应付款	29466.04	27392.44
其他流动资产	2719.63	503.03	一年内到期的非流动负债		
流动资产合计	684135.56	665854.39	其他流动负债		189.14
非流动资产：			流动负债合计	457349.24	347138.24
可供出售金融资产	79000.00	6000.00	非流动负债：		
持有至到期投资			长期借款		
长期应收款			应付债券		
长期股权投资			长期应付款		
投资性房地产			专项应付款	28000.00	
固定资产原价			预计负债	300.25	
减：累计折旧			递延所得税负债		
固定资产净值	99645.21	87522.75	其他非流动负债		
在建工程	24778.03	3649.65	非流动负债合计	37711.25	10694.40
工程物资			负债合计	495060.49	357832.64
固定资产清理			所有者权益(或股东权益)：		
无形资产	31524.59	30642.44	实收资本(或股本)	76643.90	76643.90
开发支出			资本公积	123853.68	171083.79
商誉			减：库存股		
长期待摊费用			盈余公积	30297.35	27818.87
递延所得税资产	10494.25	6785.03	未分配利润	203722.21	167437.82
其他非流动资产		362.75	所有者权益(或股东权益)合计	434517.14	442984.38
非流动资产合计	245442.07	134962.62			
资产总计	929577.63	800817.02	负债和所有者权益(或股东权益)合计	929577.63	800817.02
单位负责人：		会计主管：	复核：	制表：	

图 3-10　惠而浦资产负债表(2016 年 12 月 31 日)

利润表（一般企业会计准则）

编制单位：惠而浦（中国）股份有限公司　　2016 年 12 月　　　　　　　　　　　单位：元

项目	行次	本期金额	上期金额
一、营业收入	1	6,930,876,900.00	5,468,189,400.00
减：营业成本	2	4,872,237,300.00	3,632,759,800.00
税金及附加	3	63,739,000.00	31,586,500.00
销售费用	4	1,296,901,500.00	1,245,864,900.00
管理费用	5	350,330,500.00	296,741,200.00
财务费用	6	-34,488,000.00	-54,831,100.00
资产减值损失	7	48,995,200.00	41,342,500.00
加：公允价值变动收益（损失以"-"号填列）	8		
投资收益（损失以"-"号填列）	9	11,180,600.00	8,161,100.00
其中：对联营企业和合营企业的投资收益	10		
二、营业利润（亏损以"-"号填列）	11	344,342,000.00	283,086,800.00
加：营业外收入	12	111,687,400.00	136,865,500.00
其中：非流动资产处置利得	13		
减：营业外支出	14	5,280,500.00	188,700.00
其中：非流动资产处置损失	15	1,706,600.00	67,000.00
三、利润总额（亏损总额以"-"号填列）	16	450,748,900.00	419,763,700.00
减：所得税费用	17	78,471,400.00	53,037,200.00
四、净利润（净亏损以"-"号填列）	18	372,277,500.00	366,726,400.00
五、其他综合收益的税后净额	19	1,850,800.00	
（一）以后不能重分类进损益的其他综合收益	20		
1.重新计量设定受益计划净负债或净资产的变动			
2.权益法下在被投资单位不能重分类进损益的其他综合收益中享有的份额			
（二）以后将重分类进损益的其他综合收益	21		
1.权益法下在被投资单位以后将重分类进损益的其他综合收益中享有的份额			
2.可供出售金融资产公允价值变动损益			
3.持有至到期投资重分类为可供出售金融资产损益			
4.现金流量套期损益的有效部分			
5.外币财务报表折算差额			
六、综合收益总额	22	374,128,300.00	366,726,400.00
七、每股收益：	23		
（一）基本每股收益	24	0.49	0.48
（二）稀释每股收益	25	0.49	0.48

单位负责人：　　　　　会计主管：　　　　　复核：　　　　　制表：

图 3-11　惠而浦利润表(2016 年 12 月)

【业务 3.3.10】

请根据背景资料(见图 3-12),计算小天鹅 A 2012—2016 年的资产营运能力,填写资产营运能力分析表(见附录单据簿中的单据 3-6)。

说明：计算结果保留两位小数。

小天鹅A有关财务资料

单位：万元

项　目	2011年	2012年	2013年	2014年	2015年	2016年
营业收入	1097562.17	689986.39	872795.60	1080421.73	1313162.69	1633491.45
营业成本	915313.36	533991.46	654962.19	800749.22	964639.08	1211121.33
应收账款	92938.91	72219.89	77774.41	85834.32	89607.55	146565.45
存　货	80940.07	95274.79	79814.18	60561.70	74541.30	172483.79
流动资产	729410.95	665862.17	761634.00	979483.93	1275247.97	1732786.66
固定资产	136533.27	129729.85	119424.43	106582.09	101952.83	97085.93
总资产	914518.55	840370.54	922252.74	1137679.39	1432765.54	1888598.68

图 3-12　小天鹅 A 有关财务资料

【业务 3.3.11】

上网搜索惠而浦 2011—2016 年的资产负债表和利润表，填写惠而浦有关财务资料（见附录单据簿中的单据 3-7）。

说明：计算结果保留两位小数。

【业务 3.3.12】

根据业务 3.3.11 的结果，计算惠而浦 2012—2016 年的资产营运能力，填写资产营运能力分析表（见附录单据簿中的单据 3-8）。

说明：计算结果保留两位小数。

【业务 3.3.13】

（多选题）根据业务 3.3.9～业务 3.3.12 的结果，以下结论正确的有（　　）。

A．小天鹅 A 的库存管理水平比惠而浦更高
B．惠而浦的存货管理水平一直在稳步提升
C．小天鹅 A 的营运能力一直在稳步提升
D．2014 年以来，小天鹅 A 的营运能力全面超过惠而浦
E．2014 年以来，惠而浦的应收账款营运能力下降明显

项目 4

偿债能力分析

任务 4.1 短期偿债能力分析

【业务 4.1.1】

(单选题)企业对债务清偿的承受能力或保证程度是指(　　)。
A. 偿债能力　　　　　　　　　B. 营运资金能力
C. 盈利能力　　　　　　　　　D. 收益能力

【业务 4.1.2】

(单选题)现金流量比率是反映企业短期偿债能力的财务指标。计算年度现金流量比率时,通常使用流动负债的(　　)。
A. 年初余额　　　　　　　　　B. 年末余额
C. 年初余额和年末余额的平均值　D. 各月月末余额的平均值

【业务 4.1.3】

(单选题)下列事项中,有助于提高企业短期偿债能力的是(　　)。
A. 利用短期借款增加对流动资产的投资
B. 为扩大营业面积,与租赁公司签订一项新的长期房屋租赁合同
C. 补充长期资本,使长期资本的增加量超过长期资产的增加量
D. 提高流动负债中的无息负债比率

【业务 4.1.4】

(单选题)减少企业流动资产变现能力的因素是(　　)。
A. 取得商业承兑汇票　　　　　B. 未决诉讼、仲裁形成的或有负债
C. 有可动用的银行贷款指标　　D. 长期投资到期收回

【业务 4.1.5】

(单选题)金陵钱多多公司的销售业务以赊销为主,采购业务以赊购为主,与同行业竞争

对手相比,流动比率偏低而速动比率偏高,则可以推断影响企业短期偿债能力的重要因素是( )。

A. 流动资产的变现能力　　　　B. 交易性金融资产的变现能力
C. 存货的变现能力　　　　　　D. 应收账款的变现能力

【业务 4.1.6】

(多选题)对企业偿债能力进行分析,对于企业投资者、经营者和债权人都有着十分重要的意义与作用,具体表现有( )。

A. 有利于投资者进行正确的投资决策　　B. 有利于企业经营者进行正确的经营决策
C. 有利于债权人进行正确的借贷决策　　D. 有利于正确评价企业的财务状况

【业务 4.1.7】

(多选题)下列关于速动比率的说法中,正确的有( )。

A. 速动比率也被称为酸性测试比率
B. 速动资产是指流动资产减去变现能力较差且不稳定的预付账款、存货、其他流动资产等项目后的余额
C. 速动比率越高,说明企业的流动性越强,流动负债的安全程度越高
D. 通常认为速动比率等于 1 比较合理
E. 从企业的角度看,速动比率也不是越高越好

【业务 4.1.8】

(多选题)流动比率为 1.2,此时赊购材料一批,将会导致( )。

A. 流动比率提高　　　　　　B. 流动比率降低
C. 流动比率不变　　　　　　D. 速动比率降低

【业务 4.1.9】

金陵钱多多公司全部流动资产为 20 万元,流动比率为 2.5,速动比率为 1,最近刚刚发生 5 笔业务(见图 4-1)。请计算每笔业务发生后的流动比率与速动比率,填写流动比率与速动比率计算表(见附录单据簿中的单据 4-1)。

说明:计算结果保留两位小数。

最近发生的业务
(1) 销售产品一批,销售收入3万元,款项尚未收到,销售成本尚未结转。
(2) 用银行存款归还应付账款0.5万元。
(3) 应收账款0.2万元,无法收回,作坏账处理。
(4) 购入材料一批,价值1万元,其中60%为赊购,开出应付票据支付。
(5) 以银行存款购入设备一台,价值2万元,安装完毕,交付使用。

图 4-1　最近发生的业务

【业务 4.1.10】

请根据背景资料(见图 4-2),计算金陵钱多多公司 2016 年年初和 2016 年年末的短期偿债能力指标,填写短期偿债能力分析表(见附录单据簿中的单据 4-2)。

说明:计算结果有小数位的保留两位小数,无小数位的保留整数。

资产负债表

编制单位:金陵钱多多公司　　　　　　　　　　2016 年 12 月 31 日　　　　　　　　　　　　会企 01 表
单位:万元

资产	期末余额	年初余额	负债和所有者权益(或股东权益)	期末余额	年初余额
流动资产:			流动负债:		
货币资金	5020	2850	短期借款	485	650
交易性金融资产	175	425	交易性金融负债		
应收票据			应付票据		
应收账款	3885	3500	应付账款	1295	1945
预付账款	810	650	预收账款		
应收利息			应付职工薪酬	975	585
应收股利			应交税费		
其他应收款			应付利息		
存货	2900	2685	应付股利	2590	1620
一年内到期的非流动资产			其他应付款		
其他流动资产			一年内到期的非流动负债	485	385
流动资产合计	12790	10110	其他流动负债		
非流动资产:			流动负债合计	5830	5185
可供出售金融资产			非流动负债:		
持有至到期投资			长期借款	975	650
长期应收款			应付债券	640	400
长期股权投资	1650	975	长期应付款		
投资性房地产			专项应付款		
固定资产原价			预计负债		
减:累计折旧			递延所得税负债		
固定资产净值	6280	5650	其他非流动负债		
在建工程			非流动负债合计	1615	1050
工程物资			负债合计	7445	6235
固定资产清理			所有者权益(或股东权益):		
无形资产	75	90	实收资本(或股本)	5850	4860
开发支出			资本公积	2370	1560
商誉			减:库存股		
长期待摊费用			盈余公积	3240	2595
递延所得税资产	55	75	未分配利润	1945	1650
其他非流动资产			所有者权益(或股东权益)合计	13405	10665
非流动资产合计	8060	6790			
资产总计	20850	16900	负债和所有者权益(或股东权益)合计	20850	16900

单位负责人:　　　　　　　会计主管:　　　　　　　复核:　　　　　　　制表:

图 4-2　金陵钱多多公司资产负债表(2016 年 12 月 31 日)

项目 4 偿债能力分析

【业务 4.1.11】

(多选题)根据业务 4.1.10 的计算结果,以下说法正确的有(　　)。
A. 金陵钱多多公司 2016 年年末的短期偿债能力比年初有所提升
B. 金陵钱多多公司的流动比率正常,公司财务状况相对稳定
C. 金陵钱多多公司的速动比率较低,面临较大的偿债风险
D. 金陵钱多多公司的现金比率过高,现金类资产利用率不高

任务 4.2　长期偿债能力分析

【业务 4.2.1】

(单选题)在资金需求量一定的情况下,提高(　　)意味着企业对短期借入资金依赖性的降低,从而减轻企业的当期偿债压力。
A. 资产负债率　　　　　　　　B. 长期负债率
C. 营运资金与长期负债比率　　D. 利息保障倍数

【业务 4.2.2】

(单选题)下列各项中可能导致企业资产负债率发生变化的经济业务是(　　)。
A. 收回应收账款
B. 用现金购买债券
C. 接受所有者投资转入的固定资产
D. 以固定资产对外投资(按账面价值作价)

【业务 4.2.3】

(单选题)下列关于资产负债率、权益乘数和产权比率之间关系的表达式中,正确的是(　　)。
A. 资产负债率+权益乘数=产权比率
B. 资产负债率-权益乘数=产权比率
C. 资产负债率×权益乘数=产权比率
D. 资产负债率÷权益乘数=产权比率

【业务 4.2.4】

(单选题)已知金陵钱多多公司 2016 年利润表中的财务费用为 120 万元,2016 年的资本化利息为 20 万元,净利润为 400 万元,所得税费用为 100 万元。假设财务费用全部由利息费用构成,则该公司 2016 年的利息保障倍数为(　　)倍。
A. 4.43　　　　B. 5.17　　　　C. 4.57　　　　D. 5.33

【业务 4.2.5】

(多选题)假设金陵钱多多公司的资产负债率为 60％,则可以推算出(   )。
A. 全部负债占资产的比重为 60％
B. 产权比率为 1.5
C. 所有者权益占资金来源的比例少于一半
D. 在资金来源构成中负债占 3/5,所有者权益占 2/5
E. 负债与所有者权益的比例为 66.67％

【业务 4.2.6】

(多选题)已知金陵钱多多公司 2016 年年末负债总额为 200 万元,资产总额为 500 万元,流动资产为 240 万元,流动负债为 160 万元,2016 年利息费用为 20 万元,净利润为 75 万元,所得税税率为 25％,则该公司 2016 年年末的(   )。
A. 资产负债率为 40％   B. 产权比率为 2/3
C. 利息保障倍数为 6   D. 长期负债率为 20％
E. 营运资金与长期负债比率为 2

【业务 4.2.7】

(多选题)下列各项中,影响企业长期偿债能力的因素有(   )。
A. 未决诉讼   B. 债务担保   C. 长期租赁   D. 或有负债

【业务 4.2.8】

金陵钱多多公司拟与金陵宏鑫商贸有限公司建立长期合作关系,为确定对金陵宏鑫商贸有限公司采用何种信用政策,需要分析金陵宏鑫商贸有限公司的偿债能力和营运能力。为此,金陵钱多多公司收集了金陵宏鑫商贸有限公司 2016 年度的财务报表。请根据背景资料(见图 4-3～图 4-5),填写偿债能力和营运能力分析表(见附录单据簿中的单据 4-3)。

资产负债表项目

单位:万元

项 目	年末余额	年初余额
流动资产合计	4600	4330
其中:货币资金	100	100
交易性金融资产		460
应收账款	2850	2660
预付账款	150	130
存货	1000	980
流动负债合计	2350	2250

图 4-3 资产负债表项目

利润表项目

单位：万元

项　目	本年金额	上年金额（略）
营业收入	14500	
财务费用	500	
资产减值损失	10	
所得税费用	32.5	
净利润	97.5	

图 4-4　利润表项目

其他资料

（1）金陵宏鑫商贸有限公司的生产经营存在季节性，每年3月至10月是经营旺季，11月至次年2月是经营淡季。

（2）金陵宏鑫商贸有限公司按照应收账款余额的5%计提坏账准备，2016年年初坏账准备余额140万元，2016年年末坏账准备余额150万元。最近几年金陵宏鑫商贸有限公司的应收账款回收情况不好，截至2016年年末，账龄3年以上的应收账款已达到应收账款余额的10%。为了控制应收账款的增长，金陵宏鑫商贸有限公司在2016年年紧了信用政策，减少赊销客户的比例。

（3）金陵宏鑫商贸有限公司2016年资本化利息支出为100万元，计入在建工程。

（4）计算财务比率时，涉及资产负债表的数据均使用年初和年末平均数。

图 4-5　其他资料

说明：计算结果保留两位小数。

【业务 4.2.9】

（多选题）根据业务 4.2.8 的计算结果，以下结论正确的有（　　　）。

A. 金陵宏鑫商贸有限公司应收账款回收不好，实际坏账可能比计提的坏账准备要多，这会降低应收账款的变现能力，降低短期偿债能力

B. 金陵宏鑫商贸有限公司生产经营活动有季节性的变化，年初和年末处于经营淡季，这使报表上的应收款项金额高于平均水平，使得根据速动比率反映的短期偿债能力高于实际水平

C. 金陵宏鑫商贸有限公司的利息保障倍数略大于1，长期偿债能力比较弱

D. 金陵宏鑫商贸有限公司生产经营活动有季节性的变化，年初和年末处于经营淡季，根据年初和年末应收账款计算出的平均应收账款数额低于全年平均水平，这会增加应收账款周转次数，使得应收账款周转次数反映的应收账款变现速度高于实际水平

E. 金陵宏鑫商贸有限公司实际坏账水平低于计提的坏账，这会增加应收账款可变现金额，提高应收账款变现速度

【业务 4.2.10】

请根据背景资料(见图 4-6~图 4-9),计算金陵钱多多公司 2016 年年初与年末的流动比率、速动比率和资产负债率,填写偿债能力分析表(见附录单据簿中的单据 4-4)。

说明:计算结果保留两位小数。

资产负债表

编制单位:金陵钱多多公司　　　　　　　　2016 年 12 月 31 日　　　　　　　　　　　　会企01表
单位:万元

资产	期末余额	年初余额	负债和所有者权益(或股东权益)	期末余额	年初余额
流动资产:			流动负债:		
货币资金	116	110	短期借款	200	180
交易性金融资产	100	80	交易性金融负债		
应收票据			应付票据		
应收账款	472	350	应付账款	285	182
预付账款			预收账款		
应收利息			应付职工薪酬	65	60
应收股利			应交税费	60	48
其他应收款			应付利息		
存货	332	304	应付股利		
一年内到期的非流动资产			其他应付款		
其他流动资产	1 020	844	一年内到期的非流动负债		
流动资产合计			其他流动负债		
非流动资产:			流动负债合计	610	470
可供出售金融资产			非流动负债:		
持有至到期投资			长期借款	440	200
长期应收款			应付债券	260	140
长期股权投资	180	82	长期应付款	50	44
投资性房地产			专项应付款		
固定资产原价			预计负债		
减:累计折旧			递延所得税负债		
固定资产净值	640	470	其他非流动负债		
在建工程			非流动负债合计	750	464
工程物资			负债合计	1360	934
固定资产清理			所有者权益(或股东权益):		
无形资产	20	18	实收资本(或股本)	300	300
开发支出			资本公积	70	50
商誉			减:库存股		
长期待摊费用			盈余公积	92	84
递延所得税资产			未分配利润	38	46
其他非流动资产			所有者权益(或股东权益)合计	500	480
非流动资产合计	840	570			
资产总计	1860	1414	负债和所有者权益(或股东权益)合计	1860	1414

单位负责人:　　　　　会计主管:　　　　　复核:　　　　　制表:

图 4-6　金陵钱多多公司资产负债表(2016 年 12 月 31 日)

利润表（一般企业会计准则）

编制单位： 金陵钱多多公司　　　　2016 年 12 月　　　　　　　　　　　　　单位：元

项目	行次	本期金额	上期金额
一、营业收入	1	58,000,000.00	
减：营业成本	2	34,800,000.00	
税金及附加	3	4,540,000.00	
销售费用	4	4,880,000.00	
管理费用	5	5,880,000.00	
财务费用	6	820,000.00	
资产减值损失	7		
加：公允价值变动收益（损失以"-"号填列）	8		
投资收益（损失以"-"号填列）	9	540,000.00	
其中：对联营企业和合营企业的投资收益	10		
二、营业利润（亏损以"-"号填列）	11	7,840,000.00	
加：营业外收入	12	320,000.00	
其中：非流动资产处置利得	13		
减：营业外支出	14	480,000.00	
其中：非流动资产处置损失	15		
三、利润总额（亏损总额以"-"号填列）	16	7,680,000.00	
减：所得税费用	17	1,920,000.00	
四、净利润（净亏损以"-"号填列）	18	5,760,000.00	
五、其他综合收益的税后净额	19		
（一）以后不能重分类进损益的其他综合收益	20		
1.重新计量设定受益计划净负债或净资产的变动			
2.权益法下在被投资单位不能重分类进损益的其他综合收益中享有的份额			
（二）以后将重分类进损益的其他综合收益	21		
1.权益法下在被投资单位以后将重分类进损益的其他综合收益中享有的份额			
2.可供出售金融资产公允价值变动损益			
3.持有至到期投资重分类为可供出售金融资产损益			
4.现金流量套期损益的有效部分			
5.外币财务报表折算差额			
六、综合收益总额	22		
七、每股收益：	23		
（一）基本每股收益	24		
（二）稀释每股收益	25		

单位负责人：　　　　会计主管：　　　　复核：　　　　制表：

图 4-7　金陵钱多多公司利润表(2016 年 12 月)

其他资料

（1）金陵钱多多公司2016年年末有一项未决诉讼，如果败诉，预计要赔偿对方50万元。
（2）2016年是金陵钱多多公司享受税收优惠的最后一年，从2017年起不再享受税收优惠政策。

图 4-8　其他资料

财务比率行业平均值

财务比率	行业平均值
流动比率	2
速动比率	1.2
资产负债率	0.42
应收账款周转率（次）	16
存货周转率（次）	8.5
总资产周转率（次）	2.65
资产净利率（%）	19.88
销售净利率（%）	7.5
净资产收益率（%）	34.21

图 4-9　财务比率行业平均值

【业务 4.2.11】

（多选题）根据业务 4.2.10 的计算结果，以下结论正确的有（　　）。

A. 金陵钱多多公司 2016 年年末的偿债能力与年初相比有所下降，可能是由于举债增加幅度大导致的

B. 金陵钱多多公司 2016 年年末的未决讼诉不影响决策者对公司偿债能力的判断

C. 与同行业相比，金陵钱多多公司的偿债能力偏低，存在一定的财务风险

D. 金陵钱多多公司今后的融资可以多采用股权融资的方式，使公司的资本结构更加合理化，降低财务风险

【业务 4.2.12】

上网搜索乐视网信息技术（北京）股份有限公司（以下简称乐视网，股票代码：300104）2016 年 12 月 31 日的资产负债表、利润表和现金流量表，采集相关数据，填写偿债能力分析数据采集表（见附录单据簿中的单据 4-5）。

【业务 4.2.13】

根据业务 4.2.12 收集的数据，填写乐视网 2016 年年末的偿债能力分析表（见附录单据簿中的单据 4-6）。

说明：假定公司的财务费用全部为利息费用，答案有小数位的保留四位小数，无小数位的保留整数。

【业务 4.2.14】

(多选题)根据业务 4.2.12 和业务 4.2.13 的计算结果,以下结论正确的有(　　)。

A. 乐视网的短期偿债能力和长期偿债能力都不高,财务风险较大
B. 乐视网的流动比率与速动比率差异不大,是因为互联网公司存货相对较少
C. 乐视网的利润总额和经营活动现金流量净额均为负数,说明公司造血能力不足,偿债能力弱,需通过举债或股权融资维持公司运营
D. 乐视网的产权比率超过 200%,表明公司财务结构风险高,股东权益对偿债风险的承受能力弱

项目 5

发展能力分析

任务 5.1 市场增长能力分析

【业务 5.1.1】

(判断题)销售增长率是用来衡量企业相关市场长期发展趋势以及市场稳定性的重要指标。 ( )

【业务 5.1.2】

(判断题)销售平均增长率是计算几年销售增长额占这几年平均收入额的比率,用以评价市场发展的长期趋势。 ( )

【业务 5.1.3】

(判断题)若净利润增长率小于 1,则说明企业或是产品不适销对路、质次价高,或是在售后服务等方面存在问题,产品销售不出去,市场份额萎缩。 ( )

【业务 5.1.4】

(判断题)净利润增长率代表企业当期净利润比上期净利润的增长幅度,指标值越大代表企业盈利能力越强。 ( )

【业务 5.1.5】

(单选题)一般来说,企业市场增长能力分析常用的财务指标是( )。
A. 市场占有率　　B. 资本积累率　　C. 销售利润率　　D. 销售增长率

【业务 5.1.6】

(单选题)下列说法中,不正确的是( )。
A. 销售增长率是衡量企业经营状况和市场占有能力,预测企业经营业务拓展趋势的重要指标,也是企业扩张增量和存量资本的重要前提

B. 销售增长率若大于0,表示企业本年的销售利润有所增长,指标值越高,表明增长速度越快,企业市场前景越好
C. 运用销售增长率指标进行分析时,应结合企业历年的销售水平、企业市场占有情况、行业未来发展及其他影响企业发展的潜在因素,进行前瞻性预测
D. 分析销售平均增长率的同时,要注意企业规模及行业发展情况(行业增长),以便于综合分析

【业务 5.1.7】

(单选题)金陵钱多多公司某一种产品处于成熟期,其销售增长率的特点是( )。

A. 比值比较大   B. 与上期相比变动不大
C. 比值比较小   D. 与上期相比变动非常小

【业务 5.1.8】

(多选题)下列说法中,正确的有( )。

A. 如果一个企业营业收入增长但利润并未增长,那么从长远看,它并没有增加股东权益
B. 一个企业如果净利润增长但营业收入并未增长,这样的增长对于企业而言是无法持续保持的
C. 净利润增长率比营业利润增长率能更好地考察企业利润成长性
D. 如果企业的净利润主要来源于营业利润,则表明企业具有良好的发展能力
E. 应将企业连续多期的净利润增长率和营业利润增长率指标进行对比分析

【业务 5.1.9】

(多选题)一个发展能力强的企业,表现为( )。

A. 资产规模不断增加   B. 营运效率不断提高
C. 股东财富持续增长   D. 财务风险不断加大
E. 盈利能力不断增强

【业务 5.1.10】

请根据背景资料(见图5-1),计算金陵钱多多公司的销售增长率以及三年销售平均增长率,填写销售增长率计算表(见附录单据簿中的单据5-1)。

金陵钱多多公司2013—2016年销售收入

单位:万元

项　目	2016年	2015年	2014年	2013年
销售收入	142000	97000	60000	80000

图5-1　金陵钱多多公司2013—2016年销售收入

说明：计算结果保留两位小数。

【业务 5.1.11】

请根据背景资料(见图 5-2)，计算金陵钱多多公司的营业利润增长率和净利润增长率，填写利润增长率计算表(见附录单据簿中的单据 5-2)。

说明：计算结果保留两位小数。

金陵钱多多公司 2013—2016 年营业利润和净利润

单位：万元

项　目	2016 年	2015 年	2014 年	2013 年
营业利润	105915	58506	43407	38724
净利润	88987	48202	40860	51031

图 5-2　金陵钱多多公司 2013—2016 年营业利润和净利润

【业务 5.1.12】

(多选题)根据业务 5.1.11 的计算结果，以下结论正确的有(　　)。

A. 金陵钱多多公司的营业利润不断增加，其增长速度虽有所下降，但总体呈现出良好的增长趋势
B. 金陵钱多多公司的净利润在个别年份虽有所下降，但总体呈现出良好的增长趋势
C. 金陵钱多多公司的净利润增长主要来自营业利润的增长，其主营业务的盈利能力较强
D. 金陵钱多多公司 2016 年的净利润增长率超过营业利润增长率，说明该年净利润的增长除了来自营业利润的增长外，还有非经营性损益所起的作用

任务 5.2　资产增长能力分析

【业务 5.2.1】

(判断题)总资产增长率指标越高，表明一个企业经营规模扩张的速度越快，企业的后续发展能力越强。　　　　　　　　　　　　　　　　　　　　　　　　　(　　)

【业务 5.2.2】

(单选题)不随销售规模变动而变动的资产是(　　)。
A. 货币资金　　　　　　　　　B. 应收账款
C. 存货　　　　　　　　　　　D. 固定资产

项目 5　发展能力分析

【业务 5.2.3】

(单选题)下列不属于企业资产规模增加的原因的是(　　)。
A. 企业对外举债　　　　　　B. 企业实现盈利
C. 企业发放股利　　　　　　D. 企业发行股票

【业务 5.2.4】

请根据背景资料(见图 5-3),计算金陵钱多多公司的总资产增长率,填写资产增长能力分析表(见附录单据簿中的单据 5-3)。

说明：计算结果保留两位小数。

金陵钱多多公司 2013—2016 年资产总额

单位：万元

项　目	2016 年	2015 年	2014 年	2013 年
资产总额	708	452	296	200

图 5-3　金陵钱多多公司 2013—2016 年资产总额

任务 5.3　资本增长能力分析

【业务 5.3.1】

(单选题)下列结论正确的是(　　)。
A. 资本保值增值率是企业当年所有者权益总的增长率,反映了企业所有者权益在当年的变动水平
B. 资本保值增值率体现了企业资本的积累情况,是企业发展强盛的标志
C. 资本保值增值率如为负值,表明企业资本受到侵蚀,所有者利益受到损害
D. 一般来说,如果资本保值增值率大于 100%,说明企业资本保值且有一定程度的增值

【业务 5.3.2】

(单选题)计算修正资本保值增值率时,扣除了(　　)。
A. 资本金增减额　　　　　　B. 盈余公积增减额
C. 未分配利润增减额　　　　D. 以上均不是

【业务 5.3.3】

(多选题)下列说法中,正确的有(　　)。
A. 股东权益增长率越高,表明企业本期股东权益增加得越多

B. 三年资本平均增长率可以均衡企业的三年平均资本增长水平

C. 一个持续增长型企业,其股东权益应该是不断增长的

D. 股东权益时增时减,说明企业并不具备良好的发展能力

E. 一个企业的股东权益增长应主要依赖于企业运用股东投入资本所创造的利润

【业务 5.3.4】

(多选题)股东权益增长的主要来源有(　　)。

A. 经营活动产生的净利润

B. 融资活动产生的股东净支付

C. 直接计入股东权益的利得和损失

D. 投资活动产生的收益

E. 非经营活动产生的收益

【业务 5.3.5】

(多选题)关于资本积累率指标,下列表述正确的有(　　)。

A. 它反映所有者投入资本的保全性和增长性

B. 它是企业当年所有者权益的增长率,反映权益当年变动水平

C. 该指标为负值表明资本未受侵蚀

D. 它体现企业资本积累能力,是评价企业发展潜力的重要指标

E. 该指标越高表明企业资本积累多,资本保全性强,应对风险能力强

【业务 5.3.6】

请根据背景资料(见图5-4),计算金陵钱多多公司的资本积累率和资本保值增值率,填写资本增长能力分析表(见附录单据簿中的单据5-4)。

说明:计算结果保留两位小数。

金陵钱多多公司2013—2016年所有者权益总额

单位:万元

项　目	2016 年	2015 年	2014 年	2013 年
所有者权益总额	1899	1643	1346	1108

图 5-4　金陵钱多多公司 2013—2016 年所有者权益总额

【业务 5.3.7】

请根据背景资料(见图5-5),计算金陵钱多多公司2013—2016年的发展能力指标,填写发展能力分析表(见附录单据簿中的单据5-5)。

说明:计算结果保留两位小数。

项目 5　发展能力分析

金陵钱多多公司 2013—2016 年有关会计资料

单位：万元

项　　目	2016 年	2015 年	2014 年	2013 年
资产总额	3103	2207	1649	1369
所有者权益	1915	1343	988	797
营业收入	12413	8671	6194	4576
营业利润	1866	1298	913	674
净利润	1293	873	550	398

图 5-5　金陵钱多多公司 2013—2016 年有关会计资料

【业务 5.3.8】

根据业务 5.3.7 的计算结果，以下结论正确的有（　　）。

A. 金陵钱多多公司近三年的净利润增长率高于当年的资本积累率，说明公司的所有者权益增长主要来自生产经营活动所创造的利润，可以判断该公司的资本增长能力较好

B. 金陵钱多多公司近三年的净利润增长率高于当年的销售增长率，说明公司净利润增长能力较好，市场竞争能力较强

C. 金陵钱多多公司近三年的营业利润增长率高于销售增长率，且营业利润增长率本身呈现出上升趋势，说明该公司营业收入的增长超过营业成本、税金及附加、期间费用等成本费用的增加，营业利润增长能力较好

D. 金陵钱多多公司近三年的销售增长率高于总资产增长率，说明该公司的销售增长具有效益性，具备良好的成长性

E. 金陵钱多多公司近三年资产的增加主要来源于所有者权益的增加，而不是主要依赖于负债的增加

项目 6

综合实训

任务 6.1 单 选 题

【业务 6.1.1】

(单选题)下列关于财务报表分析的说法中,不正确的是(　　)。

A. 财务报表分析的最主要方法是比较分析法和因素分析法两种
B. 财务报表分析的比较分析法按比较对象可分为与本企业历史比、与同类企业比和与计划预算比
C. 财务报表分析的比较分析法按比较内容可分为比较会计要素的总量、比较结构百分比和与计划预算的比较
D. 因素分析法的步骤包括确定分析对象、确定驱动因素、确定驱动因素的替代顺序、按顺序计算差异影响

【业务 6.1.2】

(单选题)经济活动中有关财务活动反映的运动状态变化和特征的经济信息,称为(　　)。

A. 财务信息　　B. 经济信息　　C. 金融信息　　D. 管理信息

【业务 6.1.3】

(单选题)企业运用其所支配的经济资源,开展某种经营活动,从中赚取利润的能力,称为(　　)。

A. 变现能力　　B. 偿债能力　　C. 营运能力　　D. 盈利能力

【业务 6.1.4】

(单选题)金陵钱多多公司的部分年末数据为流动负债60万元,速动比率2.5,流动比率3,销售成本50万元,则年末存货周转次数为(　　)次。

A. 1.2　　　　　B. 2.4　　　　　C. 1.67　　　　D. 1.5

【业务 6.1.5】

(单选题)通过对杜邦财务分析体系的分析可知,提高净资产收益率的途径不包括( )。

A. 加强销售管理,提高销售净利率

B. 加强资产管理,提高其利用率和周转率

C. 加强负债管理,降低资产负债率

D. 加强利润管理,提高利润总额

【业务 6.1.6】

(单选题)金陵钱多多公司2016年的销售净利率比2015年提高2%,总资产周转率提高8%,假定其他条件与2015年相同,那么金陵钱多多公司2016年的净资产收益率比2015年提高( )。

A. 8.5%   B. 9.15%   C. 10%   D. 10.16%

【业务 6.1.7】

(单选题)金陵钱多多公司2015年的销售净利率为5.5%,资产周转率为2.5次;2016年的销售净利率为4.5%,资产周转率为2.4次。若两年的资产负债率相同,则2016年的净资产收益率比去年的变动趋势为( )。

A. 下降   B. 不变   C. 上升   D. 难以确定

【业务 6.1.8】

(单选题)金陵钱多多公司2016年净利润为250万元,流通在外的普通股的加权平均股数为100万股,优先股为50万股,优先股股息为每股1元。如果2016年年末普通股的每股市价为30元,则金陵钱多多公司的市盈率为( )倍。

A. 12   B. 15   C. 18   D. 22.5

【业务 6.1.9】

(单选题)在计算利息保障倍数时,分母的利息是( )。

A. 本期的全部利息,包括财务费用的利息费用和计入资产负债表的资本化利息

B. 本期财务费用的利息费用

C. 资本化利息

D. 资本化利息中的本期费用化部分

【业务 6.1.10】

(单选题)下列关于资产负债率、权益乘数和产权比率之间关系的表达式中,正确的是( )。

A. 资产负债率+权益乘数=产权比率

B. 资产负债率－权益乘数＝产权比率
C. 资产负债率×权益乘数＝产权比率
D. 资产负债率÷权益乘数＝产权比率

【业务 6.1.11】

(单选题)下列选项中,有助于提高企业短期偿债能力的是(　　)。
A. 利用短期借款增加对流动资产的投资
B. 为扩大营业面积,与租赁公司签订一项新的长期房屋租赁合同
C. 补充长期资本,使长期资本的增加量超过长期资产的增加量
D. 提高流动负债中的无息负债比率

【业务 6.1.12】

(单选题)下列选项中,不属于发展能力分析指标的是(　　)。
A. 资本保值增值率   B. 资本积累率
C. 营业利润增长率   D. 净资产收益率

任务 6.2　多　选　题

【业务 6.2.1】

(多选题)金陵钱多多公司是一家非金融企业,在编制管理用财务报表时,下列项目中属于金融负债的有(　　)。
A. 应付利息   B. 应付普通股股利
C. 应付优先股股利   D. 融资租赁形成的长期应付款

【业务 6.2.2】

(多选题)金陵钱多多公司是一家非金融企业,在编制管理用资产负债表时,下列资产中属于金融资产的有(　　)。
A. 短期债券投资   B. 短期股票投资
C. 预付款项   D. 短期基金投资

【业务 6.2.3】

(多选题)下列关于营运资金的说法,正确的有(　　)。
A. 营运资金是流动资产总额减去流动负债总额后的剩余部分
B. 营运资金是反映企业短期偿债能力的绝对数指标
C. 营运资金能够直接反映流动资产保障流动负债偿还后能够剩余的金额
D. 营运资金越多,说明企业可用于偿还流动负债的资金越充足
E. 营运资金越多,说明企业的短期偿债能力越弱

【业务 6.2.4】

(多选题)财务信息的用户主要包括(　　)。
A. 投资人　　　B. 债权人　　　C. 政府　　　D. 企业本身
E. 债务人

【业务 6.2.5】

(多选题)分析企业短期偿债能力应注意未在财务报表上充分披露的其他因素有(　　)。
A. 准备变现的长期资产　　　B. 已做记录的或有负债
C. 未做记录的或有负债　　　D. 企业良好的商业信用
E. 会计方法

【业务 6.2.6】

(多选题)影响资产利润率高低的主要因素有(　　)。
A. 产品售价　　　B. 产品单位成本
C. 销售数量　　　D. 资金占用量
E. 股本

【业务 6.2.7】

(多选题)下列财务比率中,可以反映企业盈利能力的是(　　)。
A. 平均收款期　　　B. 资本金收益率
C. 市盈率　　　D. 销售净利率
E. 利息保障倍数

【业务 6.2.8】

(多选题)下列比率越高,反映企业偿债能力越强的有(　　)。
A. 速动比率　　　B. 流动比率
C. 资产负债率　　　D. 现金比率
E. 利息保障倍数

【业务 6.2.9】

(多选题)金陵钱多多公司当年的经营利润很多,却不能偿还到期债务。为查清其原因,应检查的财务比率包括(　　)。
A. 销售净利率　　　B. 流动比率
C. 存货周转率　　　D. 应收账款周转率

【业务 6.2.10】

(多选题)影响资产周转率变化的因素有（　　）。
A. 权益乘数　　　B. 销售收入　　　C. 产权比率　　　D. 存货
E. 其他业务利润

【业务 6.2.11】

(多选题)下列各项中,可能会影响流动比率的业务有（　　）。
A. 用现金购买短期债券　　　　　B. 用现金购买固定资产
C. 用存货进行对外长期投资　　　D. 从银行取得长期借款

【业务 6.2.12】

(多选题)下列财务比率中,属于现金流量比率的有（　　）。
A. 现金比率　　　　　　　　　　B. 经营活动净现金比率
C. 现金充分性比率　　　　　　　D. 流动比率
E. 速动比率

任务 6.3　实　务　题

【业务 6.3.1】

请根据背景资料(见图 6-1),计算金陵钱多多公司的营业利润率、销售净利率、总资产利润率,填写盈利能力分析表(见附录单据簿中的单据 6-1)。

金陵钱多多公司有关财务资料

单位：万元

项　目	金　额
营业收入	600
净利润	30
营业利润	66
总资产平均余额	300

图 6-1　金陵钱多多公司有关财务资料

【业务 6.3.2】

请根据背景资料(见图 6-2),计算金陵钱多多公司 2015 年和 2016 年的营业周期,填写营业周期计算表(见附录单据簿中的单据 6-2)。

说明：计算结果保留两位小数。

金陵钱多多公司 2015 年和 2016 年有关财务资料

单位：万元

项　　目	2015 年	2016 年
赊销收入净额	59382	56723
应收账款平均余额	5275	4875
销售成本	49786	57864
存货平均余额	4869	4982

图 6-2　金陵钱多多公司 2015 年和 2016 年有关财务资料

【业务 6.3.3】

金陵钱多多公司 2016 年度的流动比率为 2，速动比率为 1，现金与短期有价证券占流动负债的比率为 0.5，流动负债为 2000 万元，该企业流动资产只有现金、短期有价证券、应收账款和存货四个项目。请计算金陵钱多多公司的流动资产、速动资产、存货、现金与短期有价证券之和、应收账款，填写资产类项目计算表（见附录单据簿中的单据 6-3）。

【业务 6.3.4】

请根据背景资料（见图 6-3），编制金陵钱多多公司现金流量净增加额结构分析表（见附录单据簿中的单据 6-4）。

说明：计算结果有小数位的保留两位小数，无小数位的保留整数。

金陵钱多多公司 2015 年和 2016 年现金流量资料

单位：万元

项　　目	2015 年	2016 年
经营活动产生的现金流量净额	120000	90000
投资活动产生的现金流量净额	-900000	-400000
筹资活动产生的现金流量净额	1000000	250000
汇率变动对现金的影响额	0	0
现金及现金等价物净增加额	220000	-60000

图 6-3　金陵钱多多公司 2015 年和 2016 年现金流量资料

【业务 6.3.5】

（多选题）根据业务 6.3.4 的计算结果，金陵钱多多公司主要存在的问题有（　　）。

A. 经营活动产生的现金流量净额下降幅度过大
B. 投资规模太大，使用了大量现金

C. 现金的主要来源为筹资,财务风险太大

D. 2016年现金及现金等价物净增加额为负,公司主要靠负债维持经营

【业务 6.3.6】

请根据背景资料(见图6-4),填写完整金陵钱多多公司2016年的简化资产负债表(见附录单据簿中的单据6-5)。

金陵钱多多公司2016年有关资料

项 目	数 值
长期借款与所有者权益之比	0.5
销售成本与销售收入之比	0.9
存货周转率(次)(按照销售成本计算,存货按年末数)	9
应收账款周转天数(天)(按销售收入和应收账款年末数计算,不考虑应收票据)	18.25
总资产周转率(次)(总资产按年末数计算)	2.5

图6-4 金陵钱多多公司2016年有关资料

【业务 6.3.7】

请根据背景资料(见图6-5),计算金陵钱多多公司2016年的每股收益、普通股权益报酬率、股利发放率、市盈率,填写股东盈利能力分析表(见附录单据簿中的单据6-6)。

说明:每股收益保留三位小数,其他有小数位的保留两位小数,无小数位的保留整数。

金陵钱多多公司有关资料

项 目	2015 年	2016 年
净利润(万元)	200000	250000
优先股股息(万元)	25000	25000
普通股股利(万元)	150000	200000
普通股股利实发数(万元)	120000	180000
普通股权益平均额(万元)	1600000	1800000
发行在外的普通股平均数(股)	800000	1000000
每股市价(元)	4	4.5

图6-5 金陵钱多多公司有关资料

【业务 6.3.8】

承接业务6.3.7,采用因素分析法分析普通股权益报酬率变动的原因,填写普通股权益报酬率变动原因分析表(见附录单据簿中的单据6-7)。

说明：计算结果保留两位小数。

【业务 6.3.9】

2016 年年底，金陵钱多多公司拥有金陵日精进公司 20％有表决权资本的控制权，2017 年金陵钱多多公司有意对金陵日精进公司继续投资。金陵钱多多公司认为金陵日精进公司的盈利能力比财务状况、营运能力更重要，希望通过投资获得更多利润。因此，金陵钱多多公司搜集了金陵日精进公司的有关资料。请根据背景资料（见图 6-6～图 6-8），计算反映金陵日精进公司资产盈利能力和股东盈利能力的指标，填写盈利能力分析表（见附录单据簿中的单据 6-8）。

说明：计算结果有小数位的保留两位小数，无小数位的保留整数。

利润表 （一般企业会计准则）

编制单位：金陵日精进公司　　　　2016 年 12 月　　　　　　　　　　　　单位：元

项目	行次	本期金额	上期金额
一、营业收入	1	1,500,000,000.00	1,200,000,000.00
减：营业成本	2	1,100,000,000.00	1,050,000,000.00
税金及附加	3	15,000,000.00	8,000,000.00
销售费用	4	3,000,000.00	2,000,000.00
管理费用	5	15,000,000.00	12,000,000.00
财务费用	6	1,000,000.00	4,000,000.00
资产减值损失	7	2,000,000.00	1,000,000.00
加：公允价值变动收益（损失以"-"号填列）	8		
投资收益（损失以"-"号填列）	9	5,000,000.00	2,000,000.00
其中：对联营企业和合营企业的投资收益	10		
二、营业利润（亏损以"-"号填列）	11	371,000,000.00	125,000,000.00
加：营业外收入	12	30,100,000.00	8,200,000.00
其中：非流动资产处置利得	13		
减：营业外支出	14	6,000,000.00	18,000,000.00
其中：非流动资产处置损失	15		
三、利润总额（亏损总额以"-"号填列）	16	395,100,000.00	115,200,000.00
减：所得税费用	17	98,775,000.00	26,800,000.00
四、净利润（净亏损以"-"号填列）	18	296,325,000.00	88,400,000.00
五、其他综合收益的税后净额	19		
（一）以后不能分类进损益的其他综合收益	20		
1.重新计量设定受益计划净负债或净资产的变动			
2.权益法下在被投资单位不能分类进损益的其他综合收益中享有的份额			
（二）以后将重分类进损益的其他综合收益	21		
1.权益法下在被投资单位以后重分类进损益的其他综合收益中享有的份额			
2.可供出售金融资产公允价值变动损益			
3.持有至到期投资重分类为可供出售金融资产损益			
4.现金流量套期损益的有效部分			
5.外币财务报表折算差额			
六、综合收益总额	22		
七、每股收益：	23		
（一）基本每股收益	24		
（二）稀释每股收益	25		

单位负责人：　　　　会计主管：　　　　复核：　　　　制表：

图 6-6　金陵日精进公司利润表（2016 年 12 月）

财务费用表

单位：千元

项 目	2016 年	2015 年
利息支出	5000	8000
减：利息收入	2893	10039
汇兑损失	3108	3809
减：汇兑收益	1320	956
其他	105	186
财务费用	4000	1000

图 6-7　财务费用表

其他资料

单位：千元

项 目	2016 年	2015 年
平均总资产	3205000	2815000
平均净资产	1885000	1063000

图 6-8　其他资料

【业务 6.3.10】

承接业务 6.3.9，采用因素分析法分析总资产报酬率变动的原因，填写总资产报酬率变动原因分析表（见附录单据簿中的单据 6-9）。

说明：计算结果保留两位小数。

【业务 6.3.11】

(多选题)根据业务 6.3.9 和业务 6.3.10 的计算结果，以下结论正确的有（　　）。

A．金陵日精进公司 2016 年的盈利能力比 2015 年有大幅提高

B．金陵日精进公司股东盈利能力的提高主要受资产盈利能力提高的影响，同时，资本结构优化也是影响净资产收益率提高的因素

C．金陵日精进公司总资产报酬率的提高主要得益于总资产周转率的提高

D．按照金陵钱多多公司事先确定的投资逻辑，应继续在 2017 年对金陵日精进公司进行投资

项目6 综合实训

【业务 6.3.12】

请根据背景资料(见图 6-9 和图 6-10),计算金陵钱多多公司 2016 年的各项财务指标,填写财务指标综合分析表(见附录单据簿中的单据 6-10)。

说明:计算结果有小数位的保留两位小数,无小数位的保留整数。

资产负债表

编制单位:金陵钱多多公司　　　　　　　　　2016 年 12 月 31 日　　　　　　　　　　　会企01表
单位:万元

资产	期末余额	年初余额	负债和所有者权益(或股东权益)	期末余额	年初余额
流动资产:			流动负债:		
货币资金	450	500	短期借款		
交易性金融资产			交易性金融负债		
应收票据	100	200	应付票据		
应收账款	800	400	应付账款		
预付账款	360	230	预收款		
应收利息			应付职工薪酬		
应收股利			应交税费		
其他应收款			应付利息		
存货	1440	920	应付股利		
一年内到期的非流动资产			其他应付款		
其他流动资产			一年内到期的非流动负债		
流动资产合计	3150	2250	其他流动负债		
非流动资产:			流动负债合计	1500	1750
可供出售金融资产			非流动负债:		
持有至到期投资			长期借款		
长期应收款			应付债券		
长期股权投资			长期应付款		
投资性房地产			专项应付款		
固定资产原价			预计负债		
减:累计折旧			递延所得税负债		
固定资产净值	3850	4750	其他非流动负债		
在建工程			非流动负债合计	2000	2450
工程物资			负债合计	3500	4200
固定资产清理			所有者权益(或股东权益):		
无形资产			实收资本(或股本)		
开发支出			资本公积		
商誉			减:库存股		
长期待摊费用			盈余公积		
递延所得税资产			未分配利润		
其他非流动资产			所有者权益(或股东权益)合计	3500	2800
非流动资产合计	3850	4750			
资产总计	7000	7000	负债和所有者权益(或股东权益)总计	7000	7000

单位负责人:　　　　会计主管:　　　　复核:　　　　制表:

图 6-9　金陵钱多多公司资产负债表(2016 年 12 月 31 日)

金陵钱多多公司其他相关资料

项　目	数　值
2015年销售收入（万元）	4000
2016年销售收入（万元）	5200
2016年销售毛利率（%）	20
2016年净利润（万元）	780
2016年非经营净收益（万元）	180
2016年经营活动现金流量净额（万元）	2600
2015年年末累计折旧（万元）	300
2016年年末累计折旧（万元）	400
2015年年末坏账准备余额（万元）	100
2016年年末坏账准备余额（万元）	150
所得税税率（%）	25

图 6-10　金陵钱多多公司其他相关资料

附录

财务报表分析实训单据簿

单据 1-1

利润增减情况表

项 目	2017 年		2016 年	
	增减额（万元）	增长率（%）	增减额（万元）	增长率（%）
销售收入				
实现利润				
营业利润				
投资收益				
营业外利润				
补贴收入				

单据 1-2

单耗和单价变动对单位材料成本的影响

单价计算与分析对象		连环替代分析		
项 目	金额（元）	项 目	金额（元）	变动额（元）
上年 A 材料单价		上年度实际数		—
上年 B 材料单价		第一次替代（A 材料单耗变动）		
本年 A 材料单价		第二次替代（B 材料单耗变动）		
本年 B 材料单价		第三次替代（A 材料单价变动）		
—	—	第四次替代（B 材料单价变动）		
分析对象（本年度甲产品单位材料成本变动额）		合 计		—

单据 1-3

单位工时和小时工资率变动对单位直接人工成本的影响

单价计算与分析对象		差额计算法分析	
项 目	金额（元）	项 目	变动额（元）
上年小时工资		单位工时变动的影响	
本年小时工资		小时工资变动的影响	
分析对象（本年度甲产品单位直接人工成本变动额）		合 计	

单据 2-1

利润增减变动分析表

项 目	2016年（千元）	2015年（千元）	增减额（千元）	增减率（％）
一、营业收入				
减：营业成本				
税金及附加				
销售费用				
管理费用				
财务费用				
资产减值损失				—
加：公允价值变动收益（损失以"－"号填列）				
投资收益（损失以"－"号填列）				
二、营业利润（亏损以"－"号填列）				
加：营业外收入				—
减：营业外支出				
三、利润总额（亏损总额以"－"号填列）				
减：所得税费用				
四、净利润（净亏损以"－"号填列）				

单据 2-2

利润结构分析表

项 目	2016年(千元)	2015年(千元)	期末(%)	期初(%)
一、营业收入			100	100
减：营业成本				
税金及附加				
销售费用				
管理费用				
财务费用				
资产减值损失				
加：公允价值变动收益（损失以"－"号填列）				
投资收益（损失以"－"号填列）				
二、营业利润（亏损以"－"号填列）				
加：营业外收入			—	—
减：营业外支出				
三、利润总额（亏损总额以"－"号填列）				
减：所得税费用				
四、净利润（净亏损以"－"号填列）				

单据 2-3

销售盈利能力计算表

项 目	2016 年	2015 年
销售毛利率（%）		
营业利润率（%）		
销售净利率（%）		

单据2-4

资产盈利能力计算表

项 目	数值（%）
总资产报酬率	
净资产收益率	

单据2-5

杜邦财务分析指标计算表

指　标	数　值
净资产收益率（%）	
总资产净利率（%）	
销售净利率（%）	
总资产周转率（次）	
权益乘数（倍）	

单据2-6

成本费用盈利能力比较分析表

时　间	五粮液			茅台		
	净利润（万元）	成本费用总额（万元）	成本费用利润率（%）	净利润（万元）	成本费用总额（万元）	成本费用利润率（%）
2016年3月						
2017年3月						

单据 2-7

股东盈利能力分析表

项　目	数　值
每股收益（元）	
每股净资产（元）	
市盈率（倍）	

单据 3-1

金陵钱多多公司流动资产营运能力分析表

项　目	2016年实际	2015年实际	差异额
产品销售收入（万元）	7200	8640	
流动资产平均余额（万元）	1600	1800	
其中：平均定额流动资产（万元）	1440	1440	
平均其他流动资产（万元）	160	360	
流动资产周转率（次）			
其中：定额流动资产周转率（次）			

单据 3-2

流动资产营运能力分析表

项　目	数　值
应收账款周转率（次）	
存货周转率（次）	
流动资产周转率（次）	
营业周期（天）	

单据 3-3

固定资产营运能力分析表

企　业	营业收入（万元）	固定资产平均净值（万元）	固定资产周转率（次）	固定资产周转天数（天）
杭萧钢构				
精工钢构				
差　异				

单据 3-4

资产营运能力分析表

项　目	数　值
应收账款周转率（次）	
应收账款周转天数（天）	
存货周转率（次）	
存货周转天数（天）	
营业周期（天）	
流动资产周转率（次）	
流动资产周转天数（天）	
固定资产周转率（次）	
固定资产周转天数（天）	
总资产周转率（次）	
总资产周转天数（天）	

单据 3-5

资产营运能力分析表

项　目	小天鹅A（000418）	惠而浦（6000983）
营业收入（万元）		
营业成本（万元）		
应收账款平均余额（万元）		
应收账款周转率（次）		
存货平均余额（万元）		
存货周转率（次）		
营业周期（天）		
流动资产平均余额（万元）		
流动资产周转率（次）		
固定资产平均余额（万元）		
固定资产周转率（次）		
总资产平均余额（万元）		
总资产周转率（次）		

单据 3-6

资产营运能力分析表

项　　目	2012 年	2013 年	2014 年	2015 年	2016 年
应收账款周转率（次）					
存货周转率（次）					
流动资产周转率（次）					
固定资产周转率（次）					
总资产周转率（次）					

单据 3-7

惠而浦有关财务资料

单位：万元

项　　目	2011 年	2012 年	2013 年	2014 年	2015 年	2016 年
营业收入						
营业成本						
应收账款						
存　货						
流动资产						
固定资产						
总资产						

单据 3-8

资产营运能力分析表

项　　目	2012 年	2013 年	2014 年	2015 年	2016 年
应收账款周转率（次）					
存货周转率（次）					
流动资产周转率（次）					
固定资产周转率（次）					
总资产周转率（次）					

单据 4-1

流动比率与速动比率计算表

项　目	流动比率	速动比率
初始比率	2.50	1.00
发生业务（1）后		
发生业务（2）后		
发生业务（3）后		
发生业务（4）后		
发生业务（5）后		

单据 4-2

短期偿债能力分析表

年　份	营运资金（万元）	流动比率	速动比率	现金比率
2016 年年初				
2016 年年末				

单据 4-3

偿债能力和营运能力分析表

财务比率	数　值
速动比率	
利息保障倍数（倍）	
应收账款周转次数（次）	

单据 4-4

偿债能力分析表

年　份	流动比率	速动比率	资产负债率
2016 年年初			
2016 年年末			

单据 4-5

偿债能力分析数据采集表

序号	项目	数值（元）
1	货币资金	
2	应收账款	
3	存货	
4	流动资产	
5	资产总额	
6	流动负债	
7	非流动负债	
8	负债总额	
9	所有者权益总额	
10	利润总额	
11	所得税	
12	少数股东损益	
13	净利润	
14	财务费用	
15	经营活动现金流量净额	

单据 4-6

偿债能力分析表

序号	指标	计算公式	数值
1	营运资金（元）	流动资产 − 流动负债	
2	流动比率	$\dfrac{流动资产}{流动负债}$	
3	速动比率	$\dfrac{流动资产-存货}{流动负债}$	
4	现金比率	$\dfrac{货币资金}{流动负债}$	
5	经营活动净现金比率	$\dfrac{经营活动现金流量净额}{流动负债}$	
6	资产负债率	$\dfrac{负债总额}{资产总额}\times 100\%$	
7	产权比率	$\dfrac{负债总额}{所有者权益总额}\times 100\%$	
8	利息保障倍数	$\dfrac{利润总额+财务费用}{财务费用}$	

单据 5-1

销售增长率计算表

项　目	2016 年	2015 年	2014 年
销售增长率（%）			
三年销售平均增长率（%）			

单据 5-2

利润增长率计算表

项　目	2016 年	2015 年	2014 年
营业利润增长率（%）			
净利润增长率（%）			

单据 5-3

资产增长能力分析表

项　目	2016 年	2015 年	2014 年
总资产增长率（%）			

单据 5-4

资本增长能力分析表

项　目	2016 年	2015 年	2014 年
资本积累率（%）			
资本保值增值率（%）			

单据 5-5

发展能力分析表

项　目	2016 年	2015 年	2014 年
销售增长率（%）			
营业利润增长率（%）			
净利润增长率（%）			
总资产增长率（%）			
资本积累率（%）			

单据 6-1

盈利能力分析表

项 目	数值（%）
营业利润率	
销售净利率	
总资产净利率	

单据 6-2

营业周期计算表

项 目	2015 年	2016 年
存货周转天数（天）		
应收账款周转天数（天）		
营业周期（天）		

单据 6-3

资产类项目计算表

单位：万元

项 目	计算过程	金 额
流动资产		
速动资产		
存货		
现金与短期有价证券之和		
应收账款		

单据 6-4

现金流量净增加额结构分析表

项 目	2015 年结构百分比（%）	2016 年结构百分比（%）
经营活动产生的现金流量净额		
投资活动产生的现金流量净额		
筹资活动产生的现金流量净额		
现金及现金等价物净增加额	100	—100

单据 6-5

简化资产负债表

单位：万元

货币资金	100	应付账款	200
应收账款		长期借款	
存货		实收资本	200
固定资产		留存收益	200
资产总计	800	负债及所有者权益合计	

单据 6-6

股东盈利能力分析表

项　目	数　值
每股收益（元）	
普通股权益报酬率（%）	
股利发放率（%）	
市盈率（倍）	

单据 6-7

普通股权益报酬率变动原因分析表

项　目	数值（%）
2016年普通股权益报酬率	
2015年普通股权益报酬率	
普通股权益报酬率变动值	
净利润变动的影响	
普通股权益平均额变动的影响	

单据 6-8

盈利能力分析表

项　　目	2016 年	2015 年
平均总资产（千元）		
利润总额（千元）		
利息支出（千元）		
息税前利润（千元）		
净利润（千元）		
总资产报酬率（%）		
净资产收益率（%）		

单据 6-9

总资产报酬率变动原因分析表

项　　目	数　　值
总资产报酬率变动值（%）	
2016 年总资产周转率（次）	
2015 年总资产周转率（次）	
2016 年销售收入息税前利润率（%）	
2015 年销售收入息税前利润率（%）	
总资产周转率变动的影响（%）	
销售收入息税前利润率的影响（%）	

单据 6-10

财务指标综合分析表

项　　目	数　　值
销售增长率（%）	
资本保值增值率（%）	
销售现金比率（%）	
全部资产现金回收率（%）	
净收益营运指数（%）	
营运资金（万元）	
流动比率	
速动比率	
资产负债率（%）	
产权比率（%）	
权益乘数	
应收账款周转率（次）	
存货周转率（次）	
流动资产周转率（次）	
固定资产周转率（次）	
总资产周转率（次）	
销售净利率（%）	
总资产净利率（%）	
净资产收益率（%）	